CONTEÚDO DIGITAL PARA ALUNOS

Cadastre-se e transforme seus estudos em uma experiência única de aprendizado:

1 Escaneie o QR Code para acessar a página de cadastro.

2 Complete-a com seus dados pessoais e as informações de sua escola.

3 Adicione ao cadastro o código do aluno, que garante a exclusividade de acesso.

1612421A1384852

Agora, acesse:
www.editoradobrasil.com.br/leb
e aprenda de forma inovadora e diferente! :D

Lembre-se de que esse código, pessoal e intransferível, é válido por um ano. Guarde-o com cuidado, pois é a única maneira de você utilizar os conteúdos da plataforma.

EDUCAÇÃO INFANTIL

MATEMÁTICA

JOSIANE SANSON

MEIRY MOSTACHIO

MITANGA PALAVRA DE ORIGEM TUPI QUE SIGNIFICA "CRIANÇA" OU "CRIANÇA PEQUENA".

1ª EDIÇÃO
SÃO PAULO, 2020

Dados Internacionais de Catalogação na Publicação (CIP)
(Câmara Brasileira do Livro, SP, Brasil)

Sanson, Josiane
  Mitanga matemática : educação infantil 3 / Josiane Sanson, Meiry Mostachio. -- São Paulo : Editora do Brasil, 2020. -- (Mitanga)

  ISBN 978-85-10-08298-3 (aluno)
  ISBN 978-85-10-08299-0 (professor)

  1. Matemática (Educação infantil) I. Mostachio, Meiry. II. Título. III. Série.

20-37588   CDD-372.21

Índices para catálogo sistemático:

1. Matemática : Educação infantil   372.21

Cibele Maria Dias - Bibliotecária - CRB-8/9427

© Editora do Brasil S.A., 2020
Todos os direitos reservados

Direção-geral: Vicente Tortamano Avanso

Direção editorial: Felipe Ramos Poletti
Gerência editorial: Erika Caldin
Supervisão de arte: Andrea Melo
Supervisão de editoração: Abdonildo José de Lima Santos
Supervisão de revisão: Dora Helena Feres
Supervisão de iconografia: Léo Burgos
Supervisão de digital: Ethel Shuña Queiroz
Supervisão de controle de processos editoriais: Roseli Said
Supervisão de direitos autorais: Marilisa Bertolone Mendes

Supervisão editorial: Carla Felix Lopes
Edição: Jamila Nascimento e Monika Kratzer
Assistência editorial: Beatriz Pineiro Villanueva
Auxílio editorial: Marcos Vasconcelos
Especialista em copidesque e revisão: Elaine Cristina da Silva
Copidesque: Giselia Costa, Ricardo Liberal e Sylmara Beletti
Revisão: Amanda Cabral, Andréia Andrade, Fernanda Almeida, Fernanda Prado, Flávia Gonçalves, Gabriel Ornelas, Jonathan Busato, Mariana Paixão, Martin Gonçalves e Rosani Andreani

Pesquisa iconográfica: Tatiana Lubarino
Assistência de arte: Letícia Santos
Design gráfico: Gris Viana/Estúdio Chaleira
Capa: Obá Editorial
Edição de arte: Paula Coelho
Imagem de capa: Luna Vicente
Ilustrações: Alexandre Mattos, Cláudia Marianno, Hélio Senatore, Ilustra Cartoon, João P. Mazzoco, Luiz Lentini e Suzy Watanabe
Editoração eletrônica: Bruna Pereira de Souza, Camila Suzuki, José Anderson Campos, Ricardo Brito e Viviane Yonamine
Licenciamentos de textos: Cinthya Utiyama, Jennifer Xavier, Paula Harue Tozaki e Renata Garbellini
Controle de processos editoriais: Bruna Alves, Carlos Nunes, Rita Poliane, Terezinha Oliveira e Valéria Alves

1ª edição / 1ª impressão, 2020
Impresso na Ricargraf Gráfica e Editora Ltda.

Rua Conselheiro Nébias, 887
São Paulo, SP – CEP 01203-001
Fone: +55 11 3226-0211
www.editoradobrasil.com.br

APRESENTAÇÃO

A VOCÊ, CRIANÇA!

Preparamos esta nova edição da coleção com muito carinho para você, criança curiosa e que adora fazer novas descobertas! Com ela, você vai investigar, interagir, brincar, aprender, ensinar, escrever, pintar, desenhar e compartilhar experiências e vivências.

Você é nosso personagem principal! Com esta nova coleção, você vai participar de diferentes situações, refletir sobre diversos assuntos, propor soluções, emitir opiniões e, assim, aprender muito mais de um jeito dinâmico e vivo.

Esperamos que as atividades propostas em cada página possibilitem a você muita descoberta e diversão, inventando novos modos de imaginar, criar e brincar, pois acreditamos que a transformação do futuro está em suas mãos.

A boa infância tem hora para começar, mas não para acabar. O que se aprende nela se leva para a vida toda.

As autoras.

CURRÍCULO DAS AUTORAS

JOSIANE MARIA DE SOUZA SANSON

- ▼ Formada em Pedagogia
- ▼ Especialista em Educação Infantil
- ▼ Pós-graduada em Práticas Interdisciplinares na Escola e no Magistério Superior
- ▼ Pós-graduada em Administração Escolar
- ▼ Experiência no magistério desde 1982
- ▼ Professora das redes municipal e particular de ensino
- ▼ Autora de livros didáticos de Educação Infantil

ROSIMEIRY MOSTACHIO

- ▼ Formada em Pedagogia com habilitação em Orientação Escolar
- ▼ Pós-graduada em Psicopedagogia
- ▼ Mestre em Educação
- ▼ Experiência no magistério desde 1983
- ▼ Professora das redes estadual e particular de ensino
- ▼ Ministrante de cursos e palestras para pedagogos e professores
- ▼ Autora de livros didáticos de Educação Infantil e Ensino Fundamental

SUMÁRIO

UNIDADE 1 – MATEMÁTICA NO JARDIM 6
UNIDADE 2 – UM DIA DE CHEF 32
UNIDADE 3 – PASSEIO À FAZENDA.............58
UNIDADE 4 – EXCURSÃO DA ESCOLA 82
UNIDADE 5 – UM LUGAR DE DIVERSÃO.........106
UNIDADE 6 – CURIOSIDADES DE MATEMÁTICA ..130

TAREFAS PARA CASA 153

ENCARTES 177

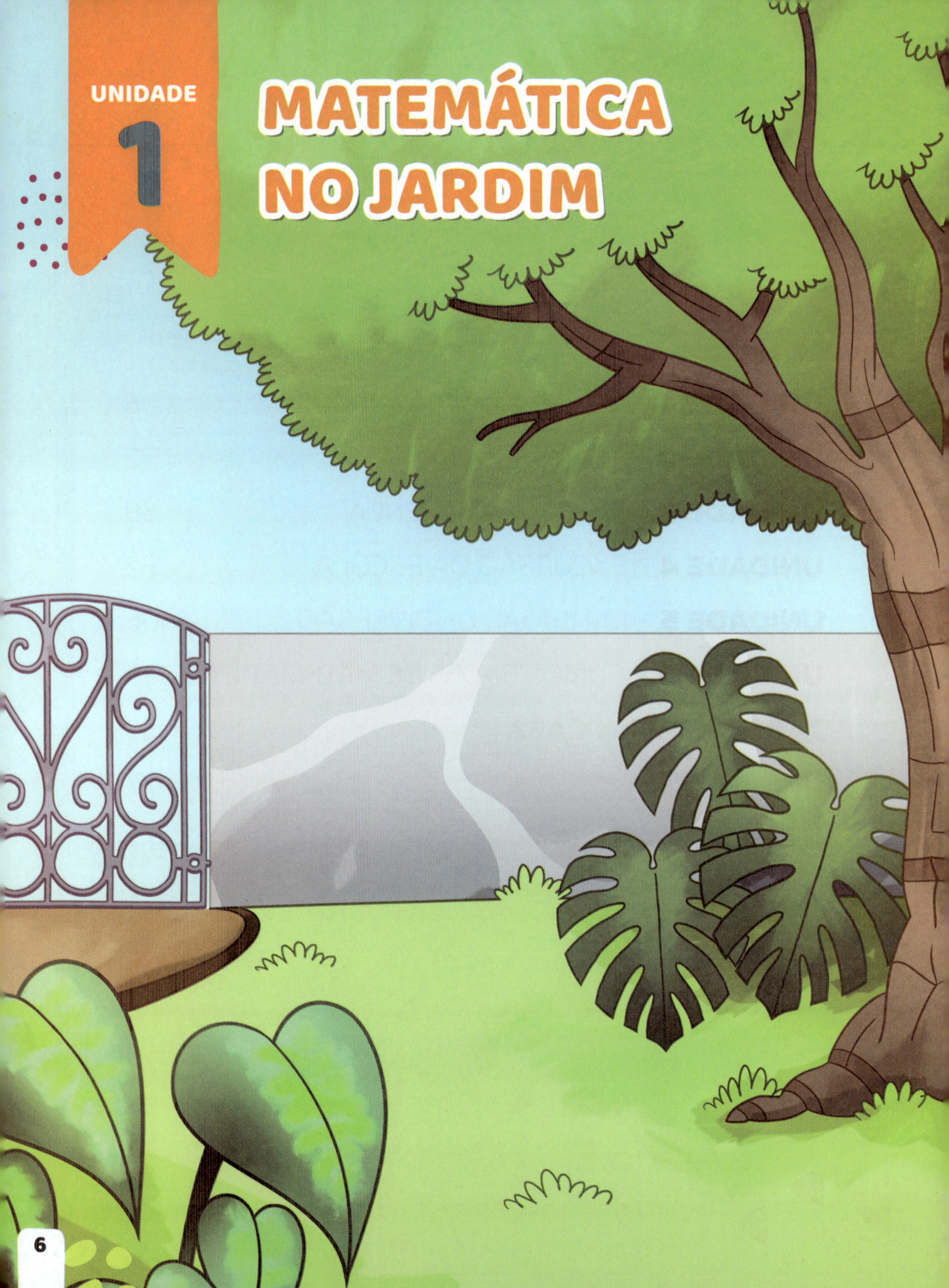

- Que lugar é esse? O que você identifica nele?
  Destaque as figuras da página 177 do encarte e cole-as na cena de acordo com a indicação a seguir:
  - **2** passarinhos na árvore;
  - **3** flores no canteiro do jardim;
  - **2** joaninhas nas flores;
  - **2** borboletas voando pelo jardim;
  - **1** caracol perto da árvore.
- Como ficou a paisagem?
- Quantos elementos você colou?
- Você acha que é possível usar a Matemática em um lugar assim? Por quê?

O QUE TEM NO JARDIM?

[...] NO JARDIM, DE TUDO APARECE
E DE TUDO CRESCE...
JÁ CHEIROU UMA FLOR BICOLOR?
JÁ VIU FLORES DOS MAIS DIVERSOS SABORES? [...]

ELLEN PESTILI. **HORTA, POMAR E JARDIM: BRINCADEIRA NÃO TEM FIM**. SÃO PAULO: EDITORA DO BRASIL, 2016. P. 9 E 11.

▼ Você já visitou um jardim?

Ouça a leitura do trecho do poema que o professor fará. Depois, desenhe um jardim que você conhece.

Apresente seu trabalho para os colegas e o professor.

▼ Quantos elementos diferentes você desenhou em seu jardim?

▼ Em que outras situações você pode contar elementos?

▶ TEM FLORES, TEM CORES!

[...] JÁ CHEIROU UMA FLOR BICOLOR? [...]

ELLEN PESTILI. **HORTA, POMAR E JARDIM: BRINCADEIRA NÃO TEM FIM**. SÃO PAULO: EDITORA DO BRASIL, 2016. P. 11.

- ▼ Você sabe o que é uma flor bicolor?
  Converse com os colegas e o professor sobre esse assunto. Depois, pinte as flores e deixe-as todas bicolores.
  Dica: todas as flores devem ser pintadas com **2** cores.
- ▼ Quantas flores você pintou?
  Conte-as e escreva o número no quadrinho.

QUANTAS FLORES A MAIS?

10 MAIS 1 É IGUAL A ▢

10 MAIS 2 É IGUAL A ▢

10 MAIS 3 É IGUAL A ▢

10 MAIS 4 É IGUAL A ▢

10 MAIS 5 É IGUAL A ▢

Na página anterior você pintou **10** flores.
▼ Quantas flores a mais são necessárias para termos **15** flores?
Observe os desenhos, junte as quantidades e escreva os números nos quadrinhos. Depois, circule onde há **15** unidades.

▶ FLORICULTURA CANTINHO DAS FLORES

▼ Que tipos de flor você conhece?
▼ Já visitou uma floricultura?

Observe os vasos que estão expostos nessa floricultura. Conte as flores de cada vaso e escreva as quantidades nos quadrinhos. Depois, circule o vaso que tem **mais** flores e faça um **X** no que tem **menos** flores.

Por fim, conte em voz alta a sequência dos números de **11** a **20**.

QUANTAS VARIEDADES DE FLORES!

VOU PLANTAR

VOU AGORA, MINHA GENTE,
UMA MUDINHA PLANTAR
TODO DIA, COM CARINHO,
A PLANTINHA VOU REGAR.

QUE DAQUI CERTO TEMPO,
BELAS FLORES HÁ DE DAR
TODA ÁRVORE DO MUNDO
É PRECISO MUITO AMAR.

CANTIGA.

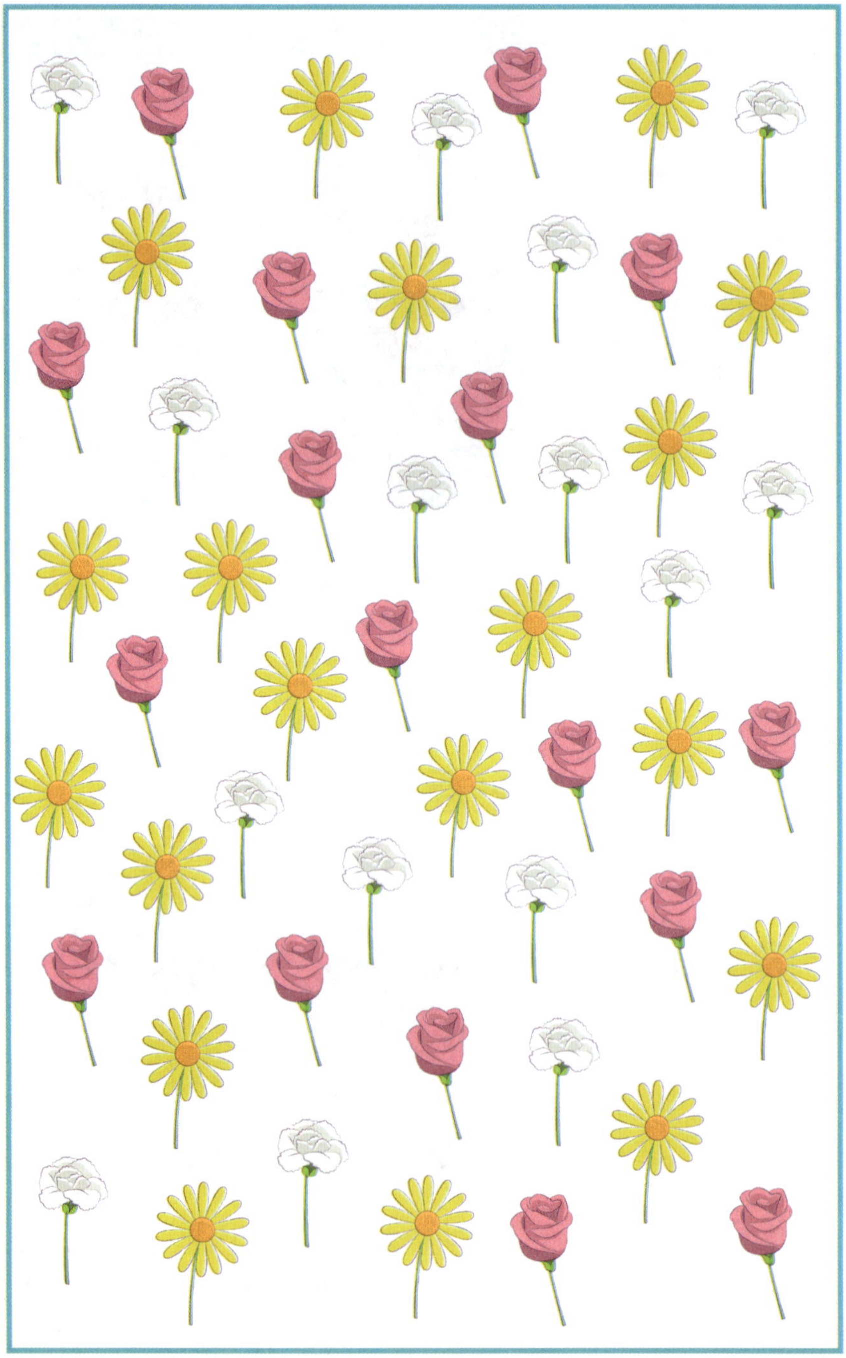

▼ As flores no quadro são todas iguais?
▼ Quantas variedades de flores você observa?
   Cante a cantiga com os colegas e o professor. Depois, conte a quantidade de flores de cada variedade e registre o número nos quadrinhos correspondentes.
▼ Qual tipo de flor aparece em **maior** quantidade?

O JARDIM DA VOVÓ YASMIN

ILUSTRAÇÕES: HÉLIO SENATORE

▼ Que tal contarmos os elementos do jardim e organizarmos essas informações em um gráfico?

Observe a imagem, conte a quantidade de cada elemento do jardim e complete o gráfico. Pinte um quadrinho para cada elemento contado.

▼ Para que servem os gráficos?
▼ Alguma coluna do gráfico ficou com a mesma quantidade de quadrinhos pintados?

PASSEANDO PELO JARDIM

▼ Você já seguiu placas para percorrer um caminho?
Passeie pelo caminho e conheça o jardim da vovó Yasmin.
Use giz de cera para traçar o percurso seguindo a sequência dos números de **11** a **20** nas placas, do **menor** para o **maior**.

▼ Que números formam essa sequência?

MAIS E MAIS FLORES

🌼🌼🌼🌼🌼
🌼🌼🌼🌼🌼 MAIS 🌼🌼🌼 🌼🌼🌼 É IGUAL A ☐

🌼🌼🌼
🌼🌼🌼 MAIS 🌼🌼🌼🌼 🌼🌼🌼 É IGUAL A ☐

🌼🌼🌼🌼🌼
🌼🌼🌼🌼🌼 MAIS 🌼🌼🌼🌼 🌼🌼🌼🌼 É IGUAL A ☐

🌼🌼🌼🌼
🌼🌼🌼🌼 MAIS 🌼🌼🌼🌼 🌼🌼🌼🌼 É IGUAL A ☐

🌼🌼🌼🌼
🌼🌼🌼🌼 MAIS 🌼🌼🌼🌼 🌼🌼🌼🌼 É IGUAL A ☐

Observe os desenhos, junte as quantidades e escreva os números nos quadrinhos.

▼ Quantas **dezenas** são **20** flores?

DEZENAS DE UM JARDIM

Quando temos a quantidade de **10** unidades, podemos dizer que temos **1 dezena**.

Observe as imagens e agrupe **10** unidades de cada.

▼ Quantos elementos sobraram fora de cada grupo?
▼ Quantas unidades são **2 dezenas**?
▼ E quantas unidades você acha que são **3 dezenas**?

TAREFA PARA CASA 1

QUEM É ELA?

FICHA TÉCNICA
NOME POPULAR: JOANINHA.
CARACTERÍSTICAS: É UM INSETO QUE SE DESTACA POR SUA CARAPAÇA COLORIDA E PINTADA. A MAIS CONHECIDA TEM 7 PINTAS NAS COSTAS.
ONDE VIVE: JARDIM E OUTRAS PLANTAÇÕES.
DO QUE SE ALIMENTA: PULGÕES E OUTROS INSETOS.
COMO SE LOCOMOVE: VOANDO. QUANDO VOA BATE AS ASAS 85 VEZES POR SEGUNDO.

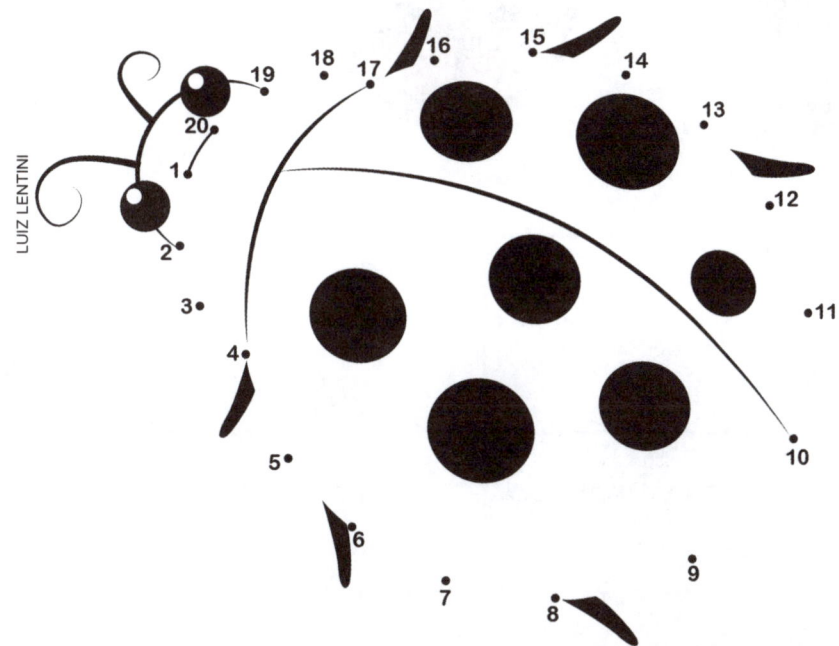

LUIZ LENTINI

▼ Você já viu uma joaninha de perto?
▼ De que cor ela era?
▼ Você sabia que existem joaninhas de diferentes cores?

Ouça a leitura do texto que o professor fará. Depois, ligue os pontos seguindo a sequência dos números de **1** a **20** para formar uma joaninha e, em seguida, pinte-a.

UM JARDIM DE JOANINHAS

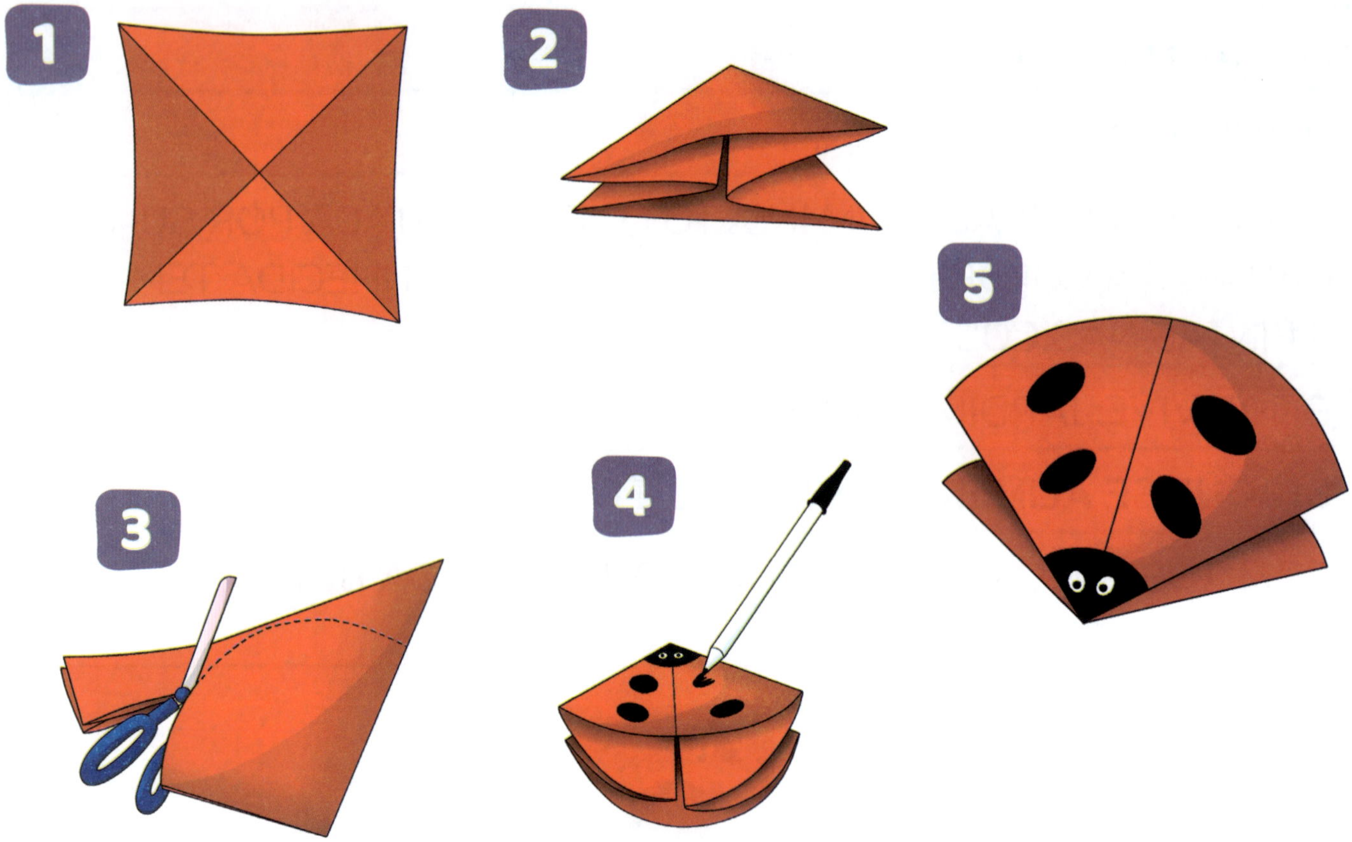

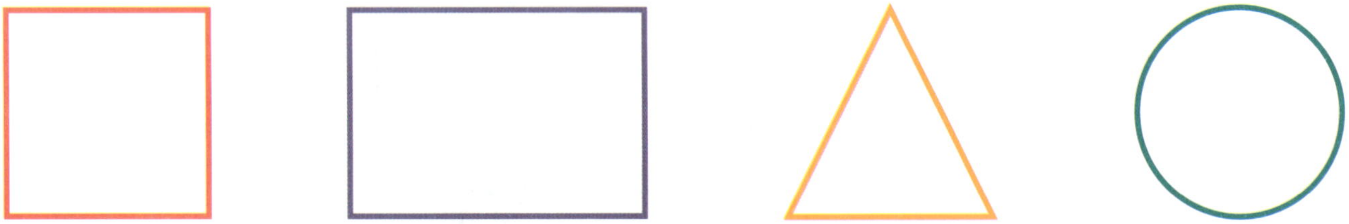

QUADRADO.   RETÂNGULO.   TRIÂNGULO.   CÍRCULO.

O professor entregará a você um pedaço de papel para a dobradura de uma joaninha.

▼ Com qual figura geométrica esse papel mais se parece?

Pinte a resposta. Depois, siga o passo a passo observando a sequência dos números e ouça as orientações do professor para fazer a sua joaninha. Por fim, cole um palito de picolé na sua dobradura e faça um jardim de joaninhas com a turma.

DESAFIO DAS PINTINHAS!

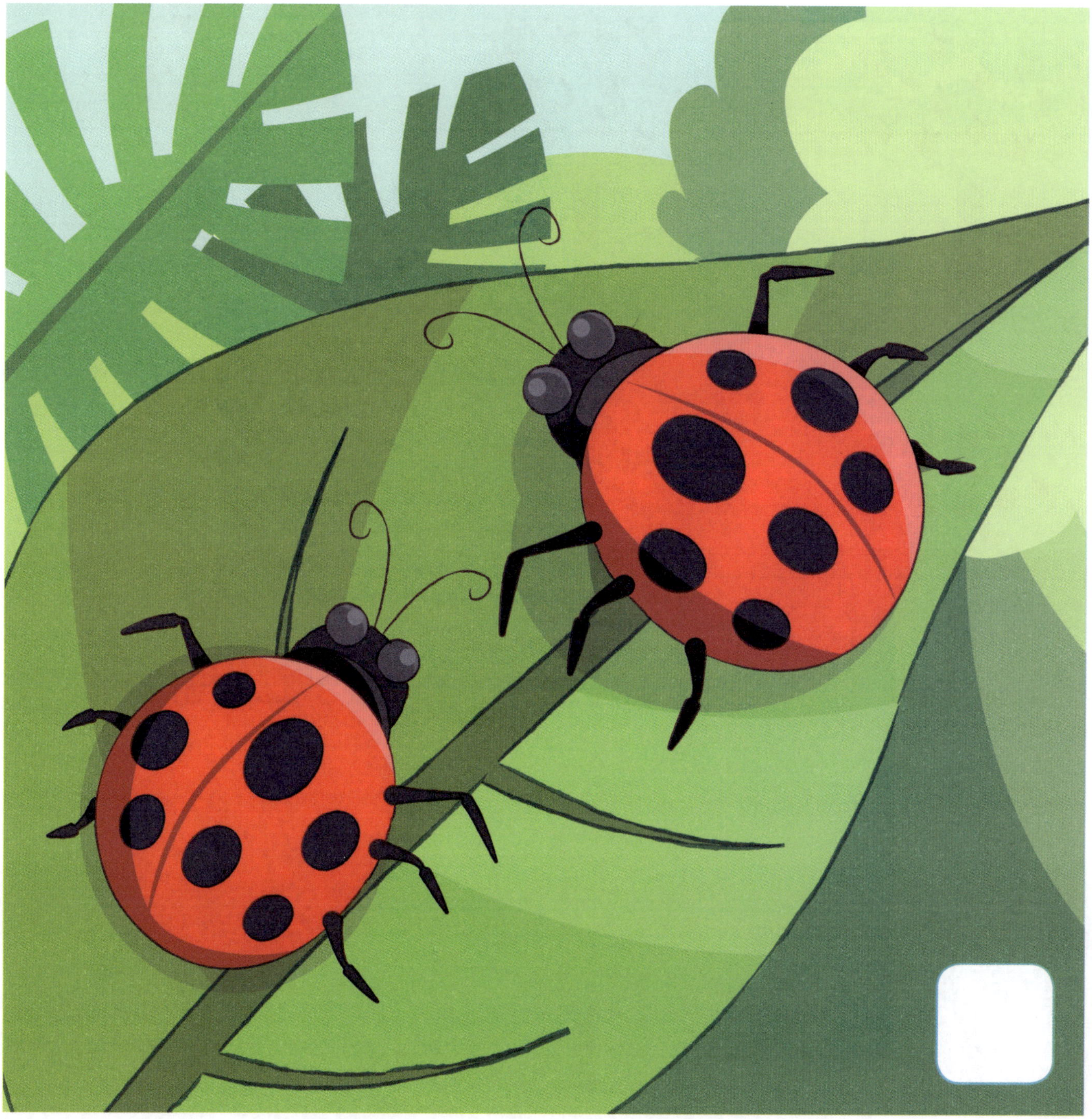
LUIZ LENTINI

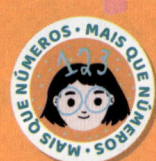

Você aprendeu que geralmente uma joaninha tem **7** pintas.

- Quantas pintas têm **2** joaninhas juntas?
- Você sabe responder ao desafio sem contar?

Faça uma estimativa e arrisque um palpite. Depois, conte as pintas juntando a quantidade das duas joaninhas e escreva no quadrinho a resposta do desafio.

- Quantas pintas teriam **3** joaninhas juntas?

JARDIM DE FRUTAS

11	12	
14	15	
17	18	

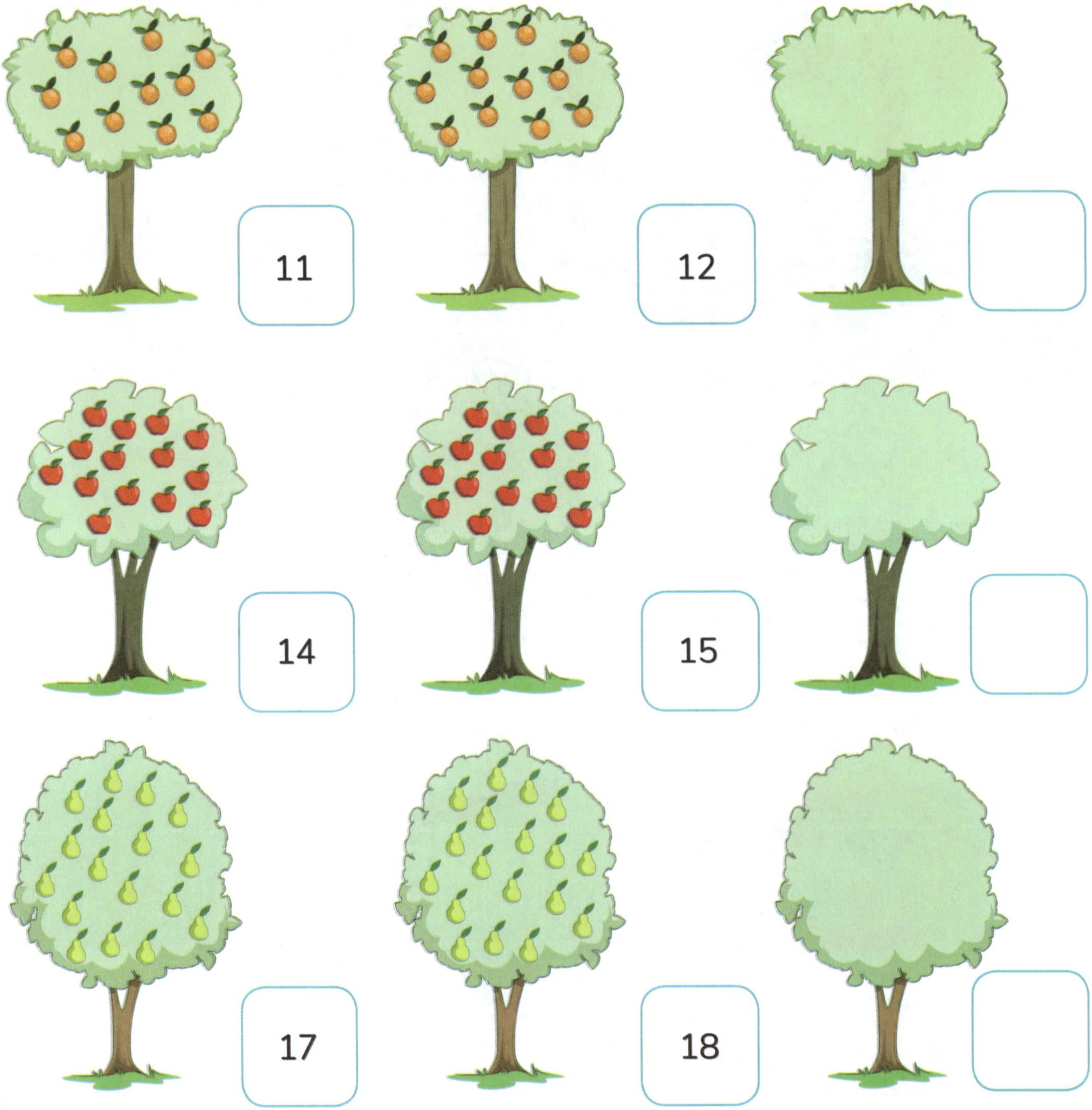

▼ Você já viu árvores frutíferas em um jardim?

Observe as árvores e conte as frutas para descobrir o número que vem depois na sequência numérica. Desenhe as frutas para representar as quantidades nas árvores que estão sem frutas e escreva o número correspondente nos quadrinhos.

Depois, circule a árvore que tem **1 dúzia** de frutas.

▶ UMA DÚZIA DE FRUTAS

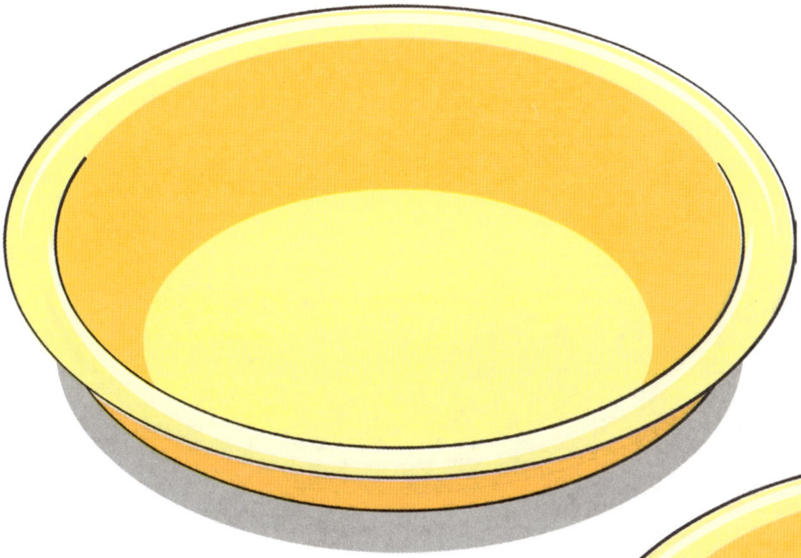

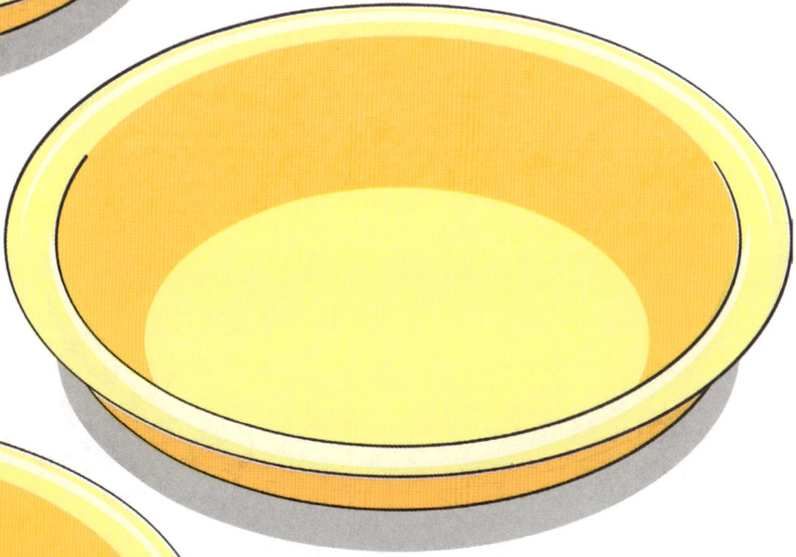

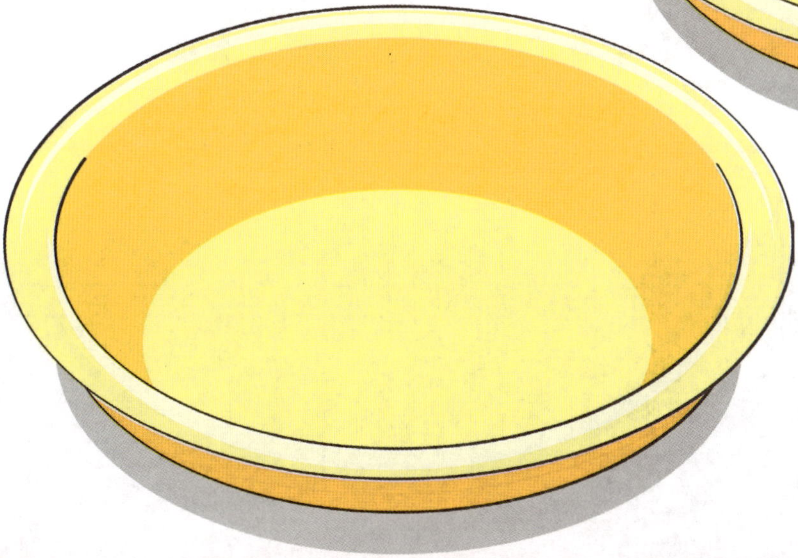

▼ Que frutas você conhece que geralmente são compradas em **dúzias**?

Cole **1 dúzia** de bolinhas de papel crepom em cada bacia de frutas. Use uma cor de papel para cada bacia.

▼ Quantas unidades você colou em cada bacia?

TAREFA PARA CASA 2

▶ VALE A PENA CONHECER!

VOCÊ JÁ OUVIU FALAR NA CIDADE DAS FLORES? ELA SE CHAMA **HOLAMBRA** E FICA PRÓXIMA DA CAPITAL DE SÃO PAULO. NESSA CIDADE ACONTECE TODOS OS ANOS A EXPOFLORA – A MAIOR EXPOSIÇÃO DE FLORES E PLANTAS ORNAMENTAIS DA AMÉRICA LATINA. O MOMENTO MAIS AGUARDADO DO EVENTO É A CHUVA DE PÉTALAS.

TRADICIONAL CHUVA DE PÉTALAS DA FESTA DAS FLORES DE HOLAMBRA, EM SÃO PAULO.

TEXTO ESCRITO ESPECIALMENTE PARA ESTA OBRA.

Ouça a leitura que o professor fará sobre a cidade das flores e descubra o nome dela e sua localização.
▼ Você sabe o que é uma chuva de pétalas?
Com tinta guache e pincel, desenhe pétalas coloridas para representar essa chuva.
▼ Quantas pétalas você desenhou? **Mais** ou **menos** que **1 dúzia**?

ANOTAR PARA LEMBRAR!

PROGRAMAÇÃO DA FESTA DAS FLORES

A FESTA DAS FLORES DE HOLAMBRA NO ANO DE 2019 ACONTECEU ENTRE OS DIAS **30 DE AGOSTO** E **29 DE SETEMBRO**. EM SUA PROGRAMAÇÃO HOUVE APRESENTAÇÕES DE DANÇA HOLANDESA, PARADA DAS FLORES E CHUVA DE PÉTALAS.

AGOSTO - 2019

DOMINGO	SEGUNDA-FEIRA	TERÇA-FEIRA	QUARTA-FEIRA	QUINTA-FEIRA	SEXTA-FEIRA	SÁBADO
				1	2	3
4	5	6	7	8	9	10
11	12	13	14	15	16	17
18	19	20	21	22	23	24
25	26	27	28	29	30	31

LUIZ LENTINI

▼ Você acha importante anotar as datas? Por quê?

Acompanhe a leitura que o professor fará e descubra outras informações sobre a programação da Festa das Flores de Holambra.

Depois, observe o calendário e circule o dia do início da festa.

▼ Em que dia da semana a festa começou?

▶ NÃO PERCA A HORA!

O HORÁRIO DE FUNCIONAMENTO DA FESTA É DAS **9 HORAS** ÀS **19 HORAS**, TODAS AS SEXTAS-FEIRAS, SÁBADOS E DOMINGOS.

Ouça a leitura que o professor fará.
- ▼ Em que dias da semana a festa acontece?
- ▼ Qual é o horário de funcionamento da festa?

Desenhe os ponteiros no relógio para indicar a hora de abertura da festa. Depois, circule o relógio digital que mostra o horário de fechamento do evento.
- ▼ Quantas horas por dia a festa acontece?

VISITANDO A FESTA DAS FLORES!

- QUE HORAS MARINA E SUA FAMÍLIA SAÍRAM DE CASA PARA IR À FESTA?

- QUE HORAS ELES CHEGARAM À FESTA?

- QUANTO TEMPO ELES DEMORARAM PARA FAZER O PERCURSO DE CASA ATÉ O LOCAL DA FESTA?

▼ Que horas cada relógio está marcando?
Observe os relógios e escreva o que se pede nos quadrinhos. Use material concreto para auxiliar na contagem.
▼ Quando Marina e sua família chegaram à festa, ela já havia começado?

▶ LOCALIZAÇÃO

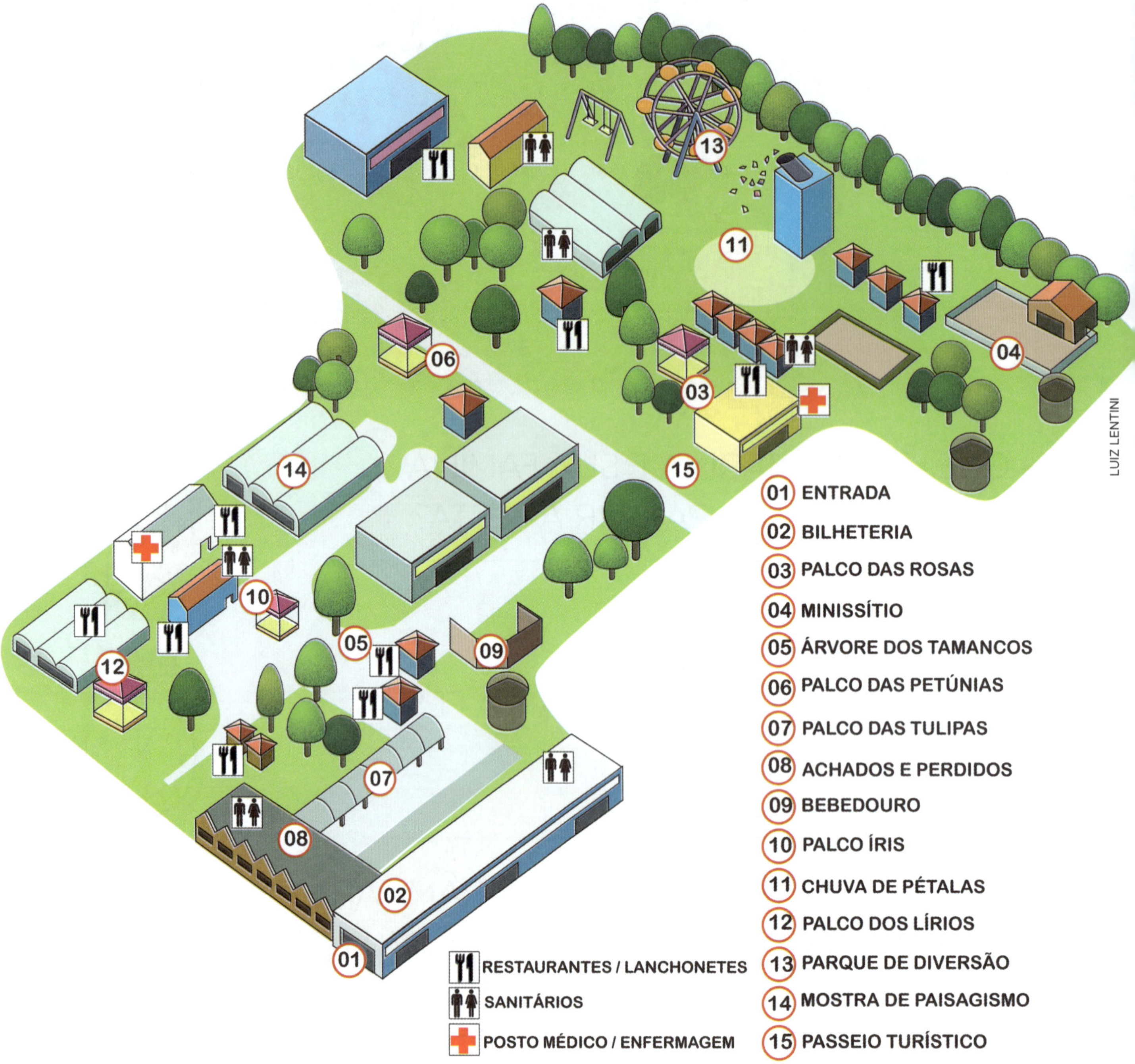

01 ENTRADA
02 BILHETERIA
03 PALCO DAS ROSAS
04 MINISSÍTIO
05 ÁRVORE DOS TAMANCOS
06 PALCO DAS PETÚNIAS
07 PALCO DAS TULIPAS
08 ACHADOS E PERDIDOS
09 BEBEDOURO
10 PALCO ÍRIS
11 CHUVA DE PÉTALAS
12 PALCO DOS LÍRIOS
13 PARQUE DE DIVERSÃO
14 MOSTRA DE PAISAGISMO
15 PASSEIO TURÍSTICO

🍴 RESTAURANTES / LANCHONETES
👥 SANITÁRIOS
➕ POSTO MÉDICO / ENFERMAGEM

LUIZ LENTINI

▼ Você já viu um mapa de evento?
Observe o mapa da Festa das Flores e circule nele os números **3**, **7**, **11** e **14**. Depois, consulte a legenda e descubra o local que cada número representa. Leia-os com os colegas e o professor.

▼ Qual dos números representa o Palco das Tulipas?

▼ Qual é o símbolo que representa os sanitários?

AS FLORES PREFERIDAS!

A PROFESSORA FABIANA E SUA TURMA DE CRIANÇAS VISITARAM A FESTA DAS FLORES EM HOLAMBRA E, DURANTE O PASSEIO, ORGANIZARAM UMA PESQUISA PARA SABER QUAIS ERAM AS FLORES PREFERIDAS DE ALGUNS VISITANTES. VEJA O RESULTADO DA VOTAÇÃO.

ILUSTRAÇÕES: LUIZ LENTINI

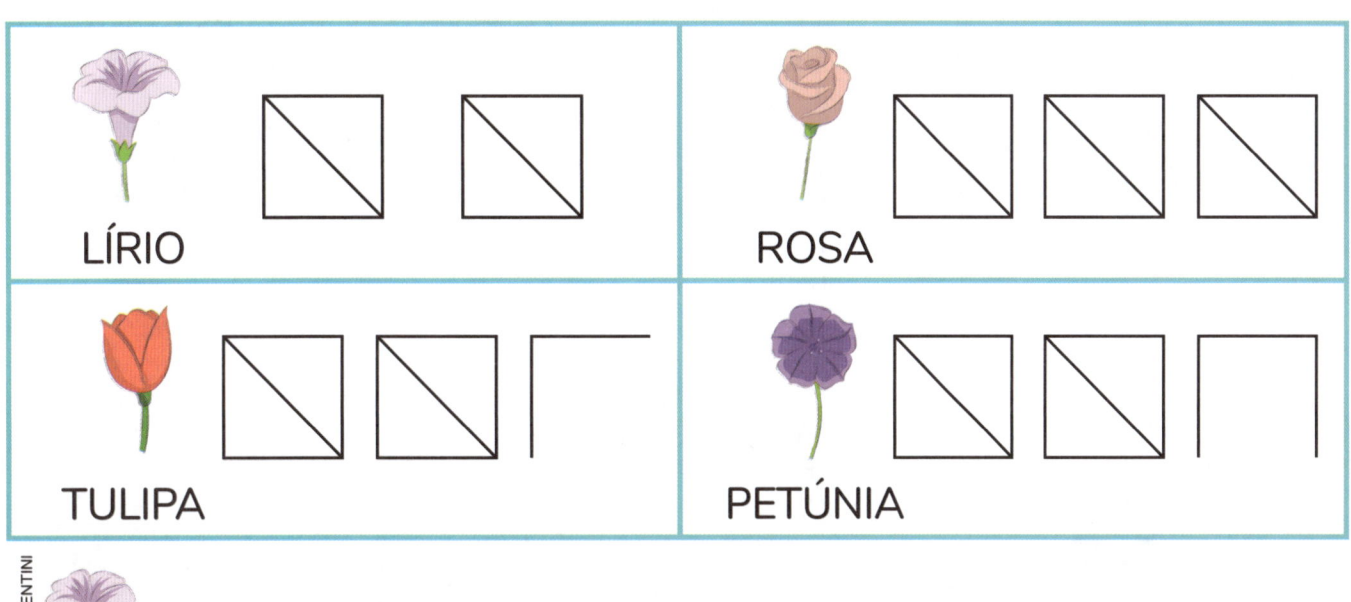

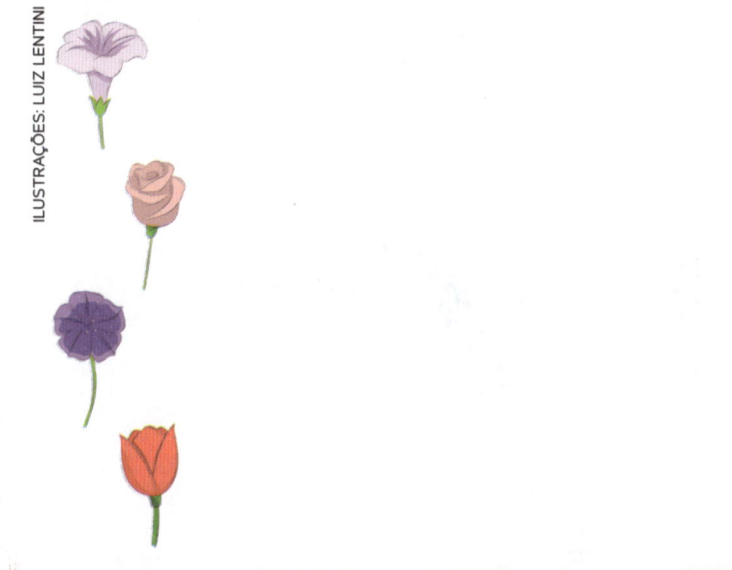

15

13

10

12

▼ Você tem uma flor preferida?

Observe o registro da votação e conte as quantidades. Depois, ligue cada tipo de flor à quantidade de votos recebidos.

QUE FLOR É ESSA?

NA FESTA DAS FLORES, EM UMA DAS ATIVIDADES PARA AS CRIANÇAS, ELAS APRENDERAM A FAZER UMA DOBRADURA DE FLOR: UMA **TULIPA**. VEJA O PASSO A PASSO A SEGUIR.

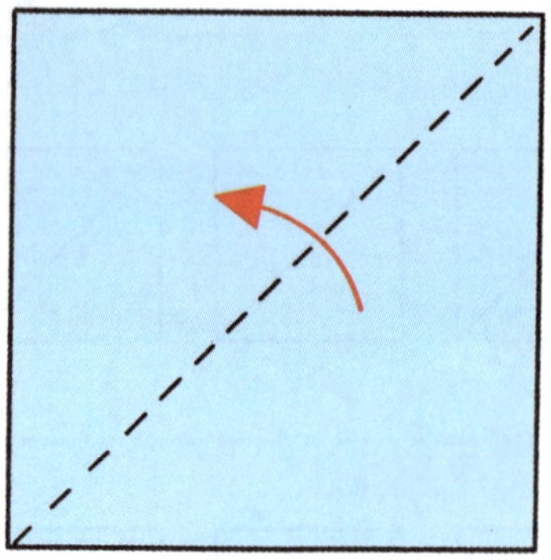

ILUSTRAÇÕES: SUZI WATANABE

▼ O que você sabe sobre tulipas?

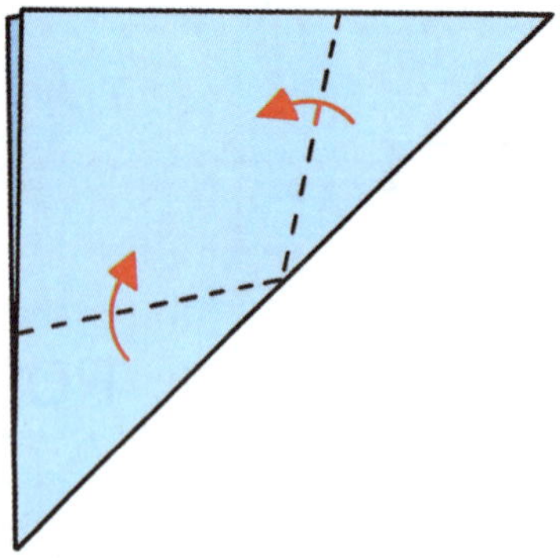

   O professor entregará a você um pedaço de papel para a dobradura. Siga o passo a passo e as orientações do professor para fazer uma tulipa. Depois, cole um palito de picolé na flor e entregue-a a um colega como presente.

PRESENTEAR COM FLORES

ILUSTRAÇÕES: LUIZ LENTINI

 MENOS SÃO

__________ − __________ = __________

 MENOS SÃO

__________ − __________ = __________

 MENOS SÃO

__________ − __________ = __________

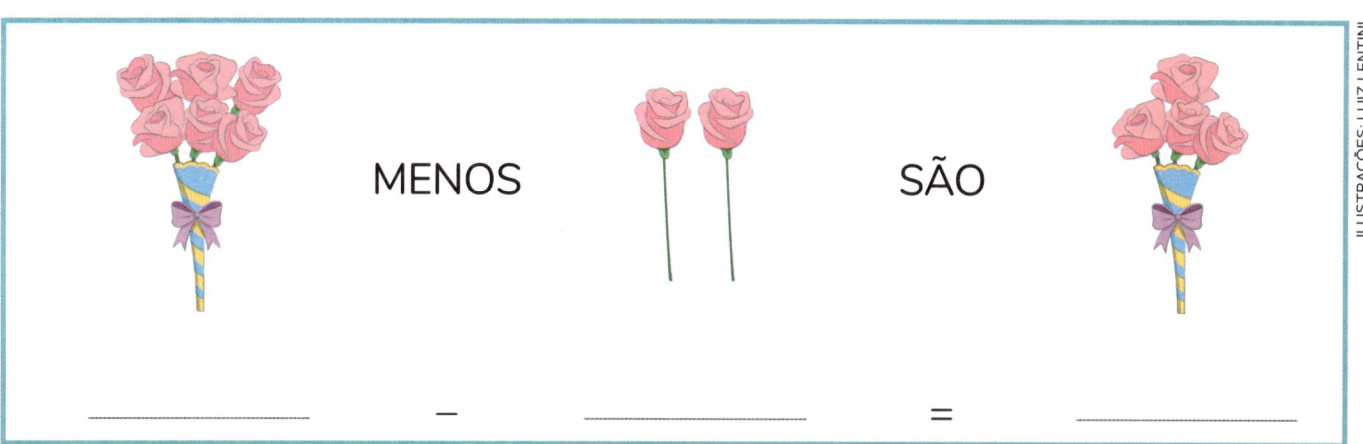

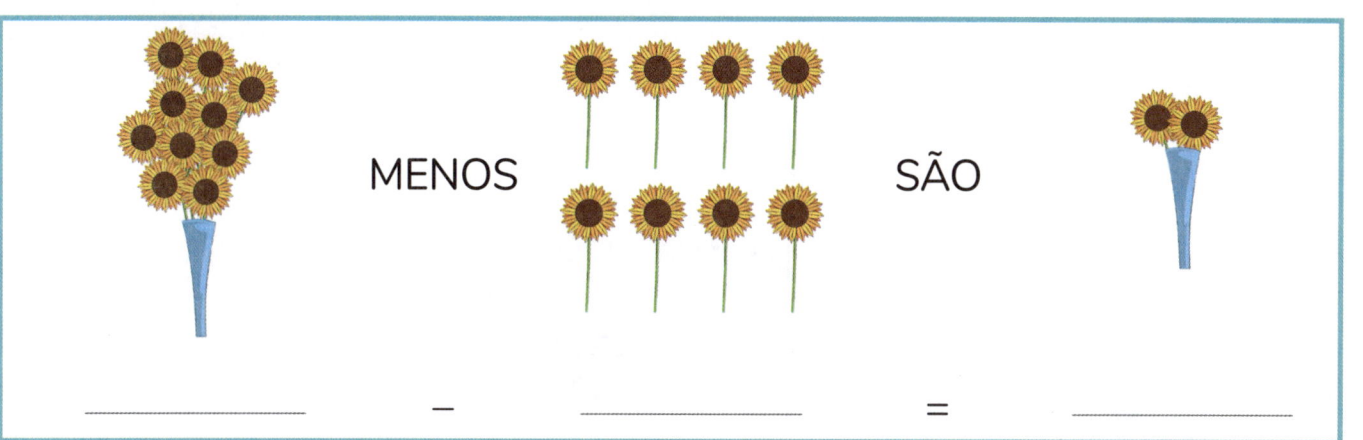

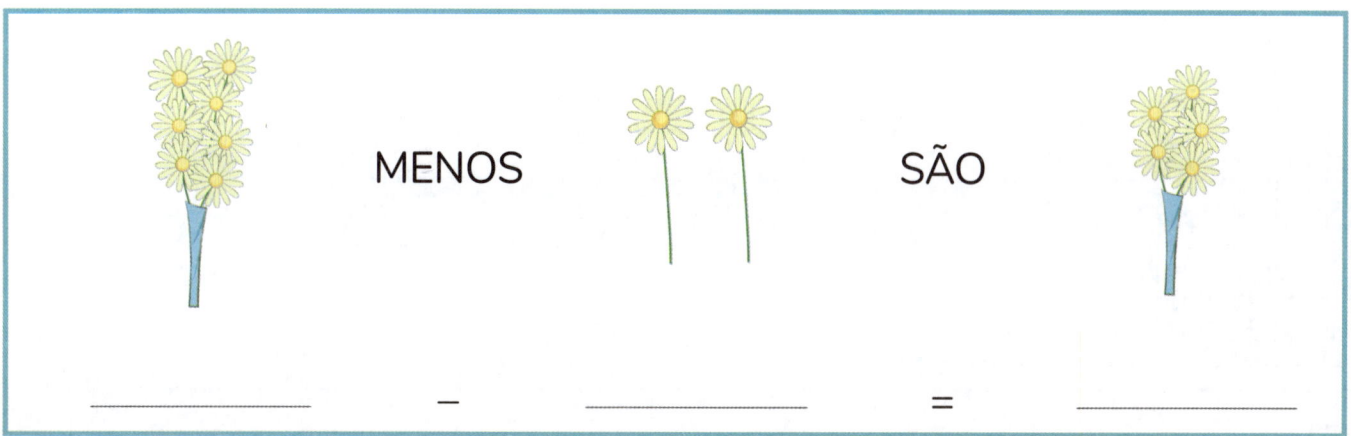

- Você costuma presentear as pessoas com flores?
- Você já viu alguma pessoa recebendo flores de presente?

Observe as flores de cada buquê, conte quantas foram dadas de presente e veja quantas flores restaram. Depois, complete os espaços com os números correspondentes.

- Você conhece bem a cozinha do lugar onde você mora?
- O que tem nela?

Conte para os colegas e o professor.

- Você já viu como é a cozinha de um restaurante?

Observe a imagem da página de abertura e conheça a cozinha desse *chef*. Então, destaque os utensílios da página 179 do encarte e cole-os na imagem para completar a cozinha.

- Quantos utensílios de cozinha você colou?

ALEXANDRE MATTOS

ORGANIZANDO A COZINHA

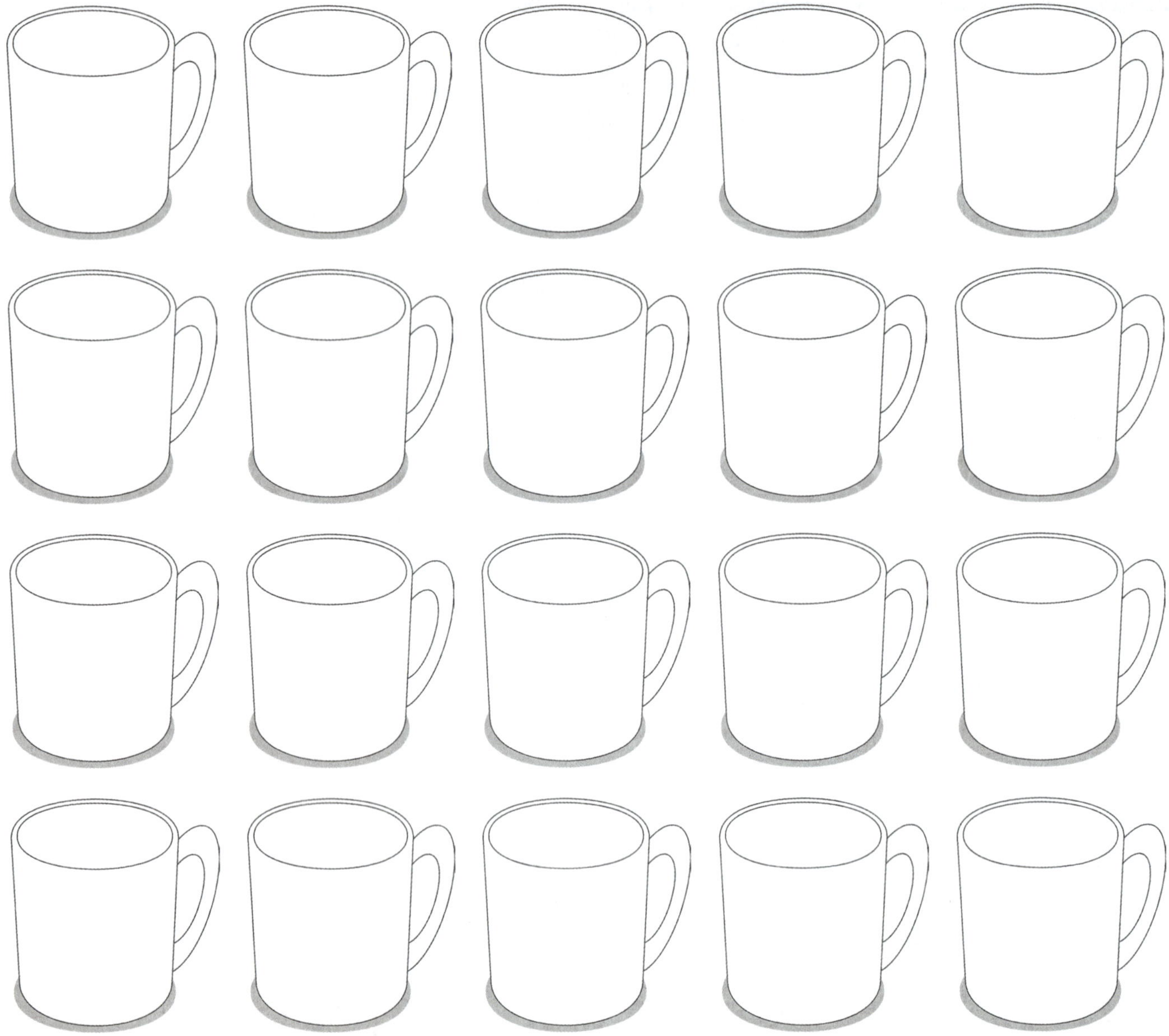

1 GRUPO ☐   2 GRUPOS ☐   3 GRUPOS ☐

Para organizar a cozinha, o *chef* separou as canecas em grupos de **10** unidades. Ajude-o pintando as canecas com cores diferentes para agrupá-las de **10** em **10**.
▼ Quantos grupos de **10** canecas você formou?
Pinte o quadrinho que representa a quantidade de grupos que você formou.
▼ Quantas canecas há ao todo?

POTES, TIGELAS E BACIAS

HÉLIO SENATORE

Na cozinha do *chef*, existem utensílios de diversos tamanhos.

Destaque as figuras da página 185 do encarte e cole-as na página organizando os utensílios de **mesmo** tipo na mesma prateleira, do **menor** para o **maior**.

▼ De que outra forma os utensílios poderiam ser organizados nas prateleiras?

SALEIROS EM ORDEM

ILUSTRAÇÕES: LUIZ LENTINI

Observe os saleiros da cozinha do *chef*: eles estão organizados por cor.

Conte as quantidades, registre o número e escreva o nome dele da maneira que souber.

▼ Qual seria a ordem das cores dos saleiros se os números fossem organizados em **ordem decrescente**?

UTENSÍLIOS PARA O CAFÉ

ILUSTRAÇÕES: LUIZ LENTINI

- 2 DEZENAS E 1 UNIDADE SÃO _____ UNIDADES

- 2 DEZENAS E 2 UNIDADES SÃO _____ UNIDADES

- 2 DEZENAS E 3 UNIDADES SÃO _____ UNIDADES

- 2 DEZENAS E 4 UNIDADES SÃO _____ UNIDADES

- 2 DEZENAS E 5 UNIDADES SÃO _____ UNIDADES

Na cozinha do *chef*, há utensílios para todas as refeições, inclusive para o cafezinho.

Junte as quantidades de cada tipo de utensílio, conte os elementos e escreva quantos há no total.

NO JANTAR

EM UM JANTAR OFERECIDO PELO CHEF, FORAM DISTRIBUÍDOS GARFOS E FACAS PARA **10** CONVIDADOS. CADA CONVIDADO RECEBEU UM TALHER DE CADA TIPO.

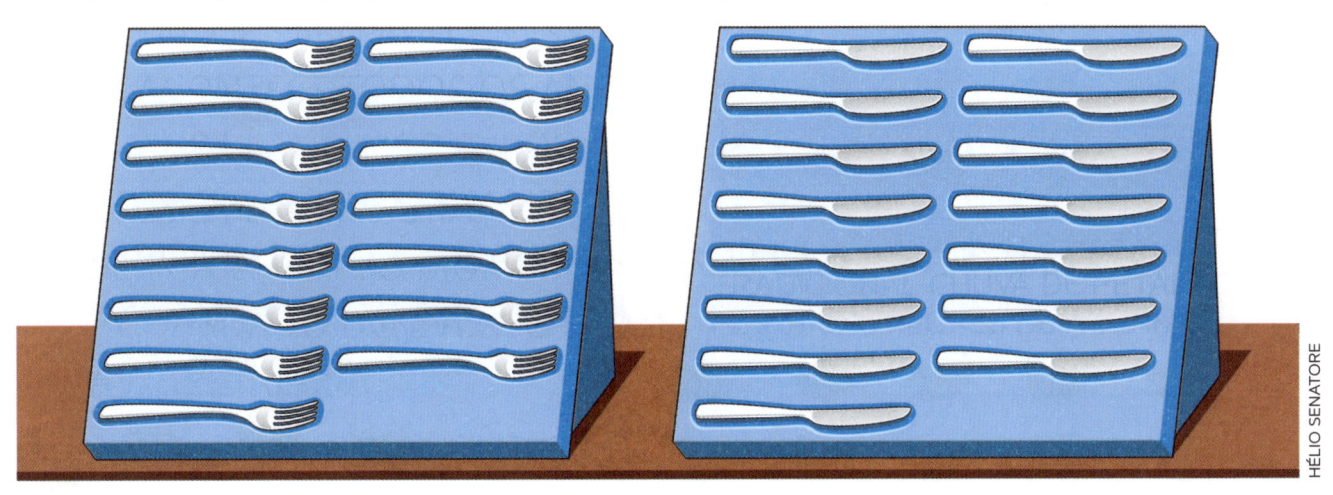

- QUANTOS GARFOS FORAM UTILIZADOS? ☐

- QUANTAS FACAS FORAM UTILIZADAS? ☐

- QUANTOS TALHERES FORAM UTILIZADOS AO TODO? ☐

_____ + _____ = _____

PARA JUNTAR QUANTIDADES, FAZEMOS UMA **ADIÇÃO**. NESSA OPERAÇÃO MATEMÁTICA, UTILIZAMOS OS SINAIS DE + (MAIS) E = (IGUAL).

▼ Como são distribuídos os talheres nas refeições?
Resolva a situação-problema circulando a quantidade de cada talher utilizado no jantar.

Depois, escreva nos espaços os números correspondentes e complete a **adição**.

UTENSÍLIOS DE SOBREMESA

ILUSTRAÇÕES: HÉLIO SENATORE

- 2 DEZENAS E 6 UNIDADES SÃO _____ UNIDADES

- 2 DEZENAS E 7 UNIDADES SÃO _____ UNIDADES

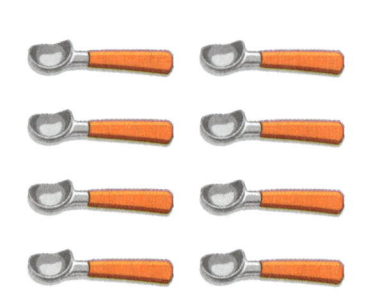

- 2 DEZENAS E 8 UNIDADES SÃO _____ UNIDADES

▼ Você formou novos números nas atividades anteriores?
▼ Vamos descobrir como formamos mais números?
Na cozinha do *chef* também há utensílios de sobremesa.
Junte as dezenas com as unidades e escreva o número correspondente à quantidade total de cada utensílio.
▼ Que números você formou?

AS FORMAS NA COZINHA

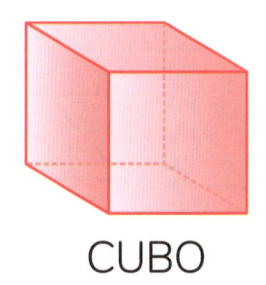

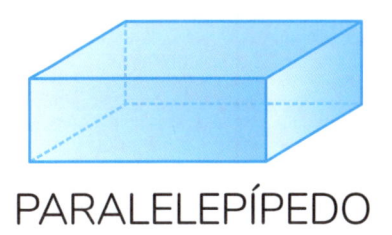

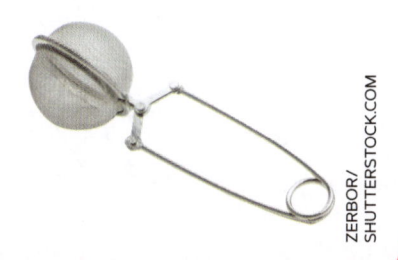

CUBO

PARALELEPÍPEDO

CONE

ESFERA

BILLDAYONE/SHUTTERSTOCK.COM

PHOTO WIN1/SHUTTERSTOCK.COM

ENJOY ISTYLE/SHUTTERSTOCK.COM

ZERBOR/SHUTTERSTOCK.COM

▼ Você conhece os sólidos geométricos apresentados? Leia o nome deles com o professor. Depois, observe os objetos de cozinha do *chef* e ligue-os aos sólidos geométricos com que se assemelham.

CADA COISA EM SEU LUGAR!

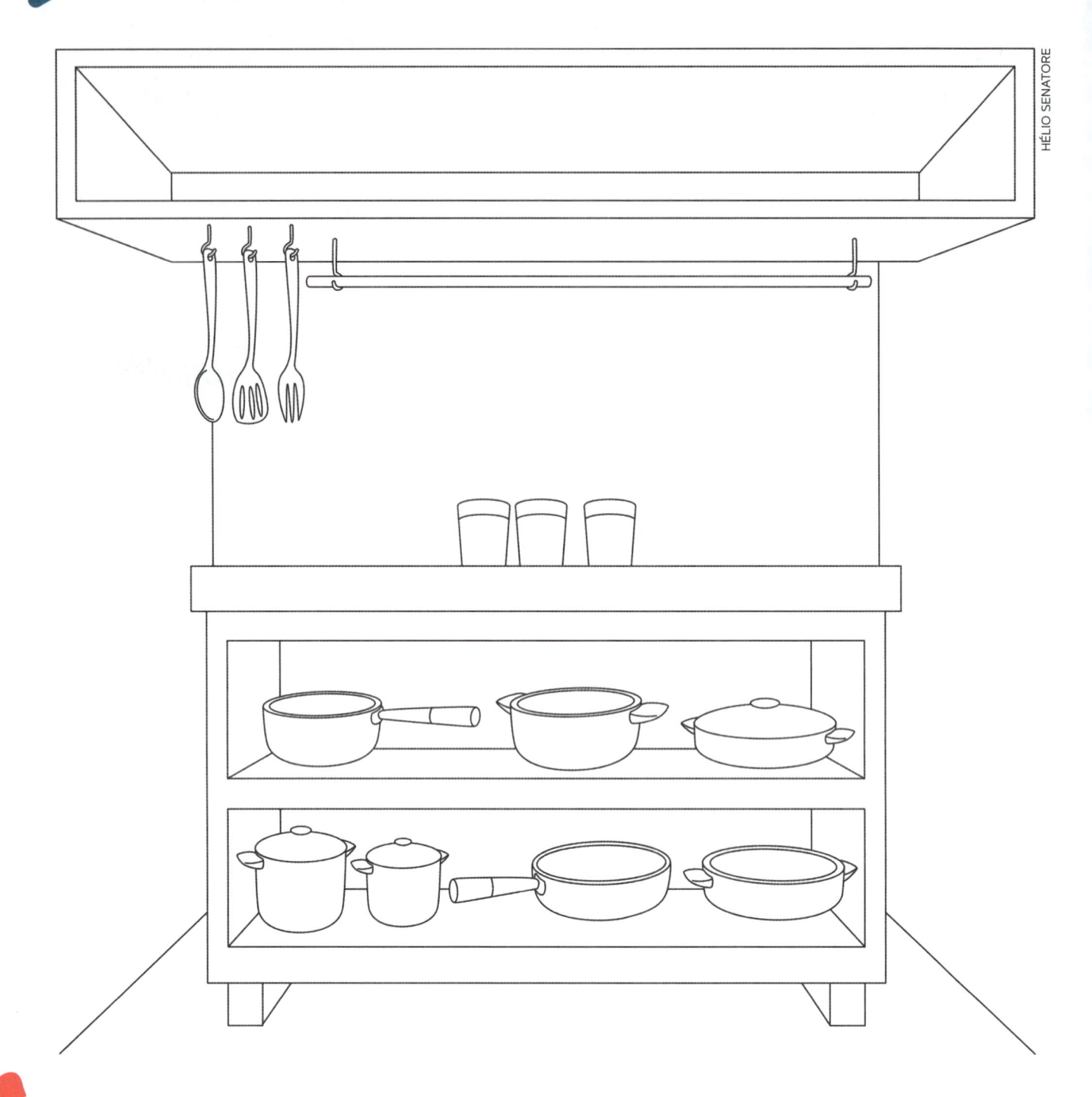

▼ Você já viu um balcão de cozinha como esse?

Pinte de **amarelo** os utensílios que estão **em cima** do balcão e de **marrom** os utensílios que estão **embaixo** dele. Depois, desenhe uma cadeira **perto** do balcão.

▼ O que está pendurado **acima** do balcão?

COMPRAS PARA COZINHAR

- 2 DEZENAS E 9 UNIDADES   SÃO _____ UNIDADES

- 2 DEZENAS E 10 UNIDADES   SÃO _____ UNIDADES

- QUANTAS DEZENAS SÃO **30** UNIDADES? _____

▼ Que alimentos você acha que o *chef* precisa para cozinhar uma refeição?

Junte as dezenas com as unidades e escreva o número correspondente à quantidade total de cada alimento. Depois, responda à pergunta.

TAREFA PARA CASA 3

O GOSTO DA COMIDA

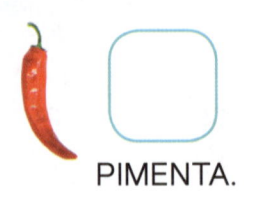

PIMENTA.

MANJERICÃO.

CRAVO.

NOZ-MOSCADA.

SAL.

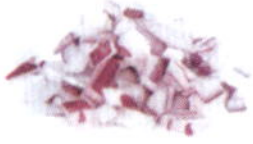

ALECRIM.

CEBOLA.

AZEITE.

COLORAU.

LOURO.

COMINHO.

VINAGRE.

SEM TEMPERO NÃO DÁ PÉ

A COMIDA SEM AMOR E SEM TEMPERO
FICA LAVADA, SEM SABOR E SEM CHEIRO,
SEM O SEGREDO DO COZINHEIRO.
NÃO BASTA DIZER ABRACADABRA.
É PRECISO UMA PITADA
DE CRAVO, PIMENTA E NOZ-MOSCADA.
E SE A COMIDA ANDA TRISTONHA,
SEM SAL, SEM COR, NADA RISONHA,
O JEITO É ALEGRAR O CALDEIRÃO
COM COLORAU, ALECRIM E MANJERICÃO;
O JEITO É AQUELE GOSTINHO
DE CEBOLA, LOURO E COMINHO,
UM POUCO DE AZEITE E VINAGRE,
E EIS QUE ESTÁ PRONTO O MILAGRE
DA COMIDA BEM PREPARADA,
POR TODOS APRECIADA.

JONAS RIBEIRO.

▼ Você já viu alguém cozinhar?
▼ O que você acha que é o segredo do cozinheiro para a comida ficar gostosa?
   Leia o texto com o professor e numere os temperos na ordem em que são citados.
▼ Quantos temperos foram citados?
▼ Você sabe nomear mais **1 dúzia** de temperos diferentes?

▶ DE OLHO NAS DATAS DE VALIDADE

_____ DE MARÇO	18 DE MARÇO	_____ DE MARÇO
_____ DE ABRIL	29 DE ABRIL	_____ DE ABRIL
_____ DE MAIO	25 DE MAIO	_____ DE MAIO
_____ DE JUNHO	22 DE JUNHO	_____ DE JUNHO

ILUSTRAÇÕES: LUIZ LENTINI

▼ Você sabia que todo alimento deve ter a indicação da **data de validade**?

Observe os temperos. Eles foram organizados em sequência de acordo com a **data de validade**, para controle.

Complete os espaços escrevendo o dia que vem **antes** e o dia que vem **depois** de cada data.

▼ Quais são os outros meses do ano?

▶ SALADA DE FRUTAS DO CHEF

MEIO OU METADE?

UM PRA MIM, OUTRO PRA VOCÊ
UM PRA MIM, OUTRO PRA VOCÊ
CONTAMOS O TODO
SEPARANDO AS QUANTIDADES
CADA UM COM SEU MONTE
TERMINARÁ COM A METADE.

TEXTO ESCRITO ESPECIALMENTE PARA ESTA OBRA.

MEIA DEZENA

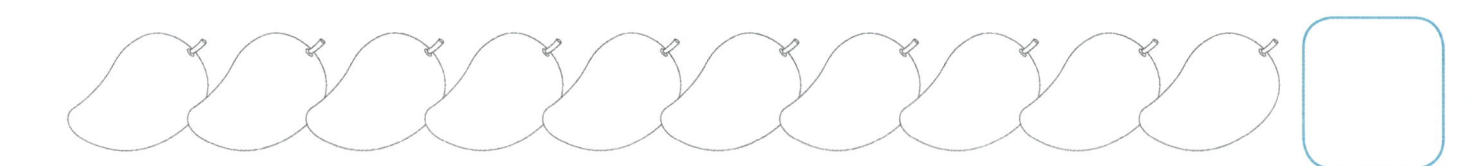

MEIA DÚZIA

ILUSTRAÇÕES: LUIZ LENTINI

CLÁUDIA MARIANNO

Ouça o texto que o professor lerá.
▼ Como podemos descobrir a metade de uma quantidade?

A sobremesa do *chef* é uma salada de frutas. Ele usa **meia dezena** de mangas e **meia dúzia** de abacaxis para fazer a salada.

Conte as mangas e os abacaxis ilustrados e pinte apenas a quantidade que o *chef* usa na salada. Depois, escreva o número correspondente nos quadrinhos.

ARRUMANDO A MESA

O *chef* convidou **16** pessoas para um jantar no restaurante. Mas, na hora do jantar, percebeu que havia **3** convidados a mais.

Arrume a mesa de jantar desenhando a quantidade de pratos necessária para que todos os convidados possam fazer a refeição. Depois, numere os pratos.

▼ Quantos convidados participaram do jantar?
▼ Ainda há lugar na mesa para mais convidados?

NO SUPERMERCADO

QUANTAS SACOLAS SOBRARAM SEM USAR?

_____ − _____ = _____

▼ Você já foi ao supermercado fazer compras? Como costuma carregar as compras?

O *chef* foi ao supermercado e levou **5** sacolas para carregar as compras. Circule na cena as sacolas que ele **encheu** de compras e faça um **X** nas que ficaram **vazias**.

▼ Quantas sacolas ele **encheu**?
▼ Quantas sacolas ficaram **vazias**?

SER CIDADÃO

SUPERMERCADOS TERÃO QUE ELIMINAR SACOLAS PLÁSTICAS DESCARTÁVEIS

LEI QUE ENTRA EM VIGOR EM TODO O ESTADO DO RIO DE JANEIRO OBRIGA ESTABELECIMENTOS A ADOTAREM EMBALAGENS RECICLÁVEIS E BIODEGRADÁVEIS

[...] OS SUPERMERCADOS DO ESTADO DO RIO DE JANEIRO ESTARÃO PROIBIDOS DE OFERECER SACOLAS PLÁSTICAS DESCARTÁVEIS AOS CLIENTES.

OS ESTABELECIMENTOS DEVERÃO OFERECER SACOLAS CONFECCIONADAS COM MATERIAIS RECICLÁVEIS E BIODEGRADÁVEIS. [...]

PARA CONSCIENTIZAR OS CONSUMIDORES SOBRE O MALEFÍCIO QUE AS SACOLAS PLÁSTICAS TRAZEM PARA O MEIO AMBIENTE E INCENTIVAR A MUDANÇA DE HÁBITO, A ASSOCIAÇÃO DE SUPERMERCADOS DO ESTADO DO RIO DE JANEIRO (ASSERJ) LANÇOU [...] A CAMPANHA DESPLASTIFIQUE JÁ!

SUPERMERCADOS TERÃO QUE ELIMINAR SACOLAS PLÁSTICAS DESCARTÁVEIS. **VIU!**, CAMPOS DOS GOYTACAZES, 25 JUN. 2019. SEÇÃO MEIO AMBIENTE. DISPONÍVEL EM: WWW.PORTALVIU.COM.BR/MEIO-AMBIENTE/SUPERMERCADOS-TERAO-QUE-ELIMINAR-SACOLAS-PLASTICAS-DESCARTAVEIS. ACESSO EM: 27 MAR. 2020.

SACOLA BIODEGRADÁVEL.

▼ Você cuida do meio ambiente? Como?

Leia com o professor a notícia que fala de uma ação para ajudar na preservação do meio ambiente e converse com os colegas sobre esse assunto.

▼ O que pode ser usado no lugar de sacolas plásticas descartáveis?

Com os colegas e o professor, pesquisem **meia dúzia** de alternativas que podem ser usadas para carregar compras em vez de sacolas plásticas. Registre em folha à parte.

RECEBENDO AS COMPRAS

Muita mercadoria chegou na cozinha do *chef*!
▼ Quantas unidades de cada alimento foram encomendadas por ele?

Observe as frutas, circule-as formando grupos de **10** e conte quantas frutas de cada tipo chegaram. Registre o número nos quadrinhos.

COMPARANDO RESTAURANTES

▼ Você já foi a um restaurante com familiares e amigos?
▼ Se sim, o que você observou no ambiente?
  Observe o restaurante nas imagens, encontre **10** diferenças entre elas e marque-as com um **X** na segunda imagem.

SALADAS DO CHEF

20. SALADA AMERICANA
21. SALADA CAPRESE
22. SALADA DE ACELGA
_____. SALADA DE BATATAS COM MILHO
_____. SALADA DE BERINJELA
_____. SALADA DE ERVILHA
_____. SALADA DE ESPINAFRE COM PRESUNTO
_____. SALADA DE GRÃO-DE-BICO
_____. SALADA DE KANI
_____. SALADA DE LEGUMES
_____. SALADA DE LENTILHA
_____. SALADA DE MACARRÃO
_____. SALADA DE QUINOA
_____. SALADA DE REPOLHO
_____. SALADA GREGA
_____. SALADA ITALIANA DE PÃO
_____. SALADA PRIMAVERA COM MORANGOS
_____. SALADA QUATRO ESTAÇÕES
_____. SALADA VERÃO
_____. SALADA VERDE COM FRANGO
_____. SALADA WALDORF

▼ Você já viu um livro de receitas?
  Observe o sumário da parte de saladas do livro de receitas do *chef* e continue numerando as saladas em ordem.
▼ Qual dessas saladas você acha que é a mais saborosa?

▶ **INGREDIENTES**

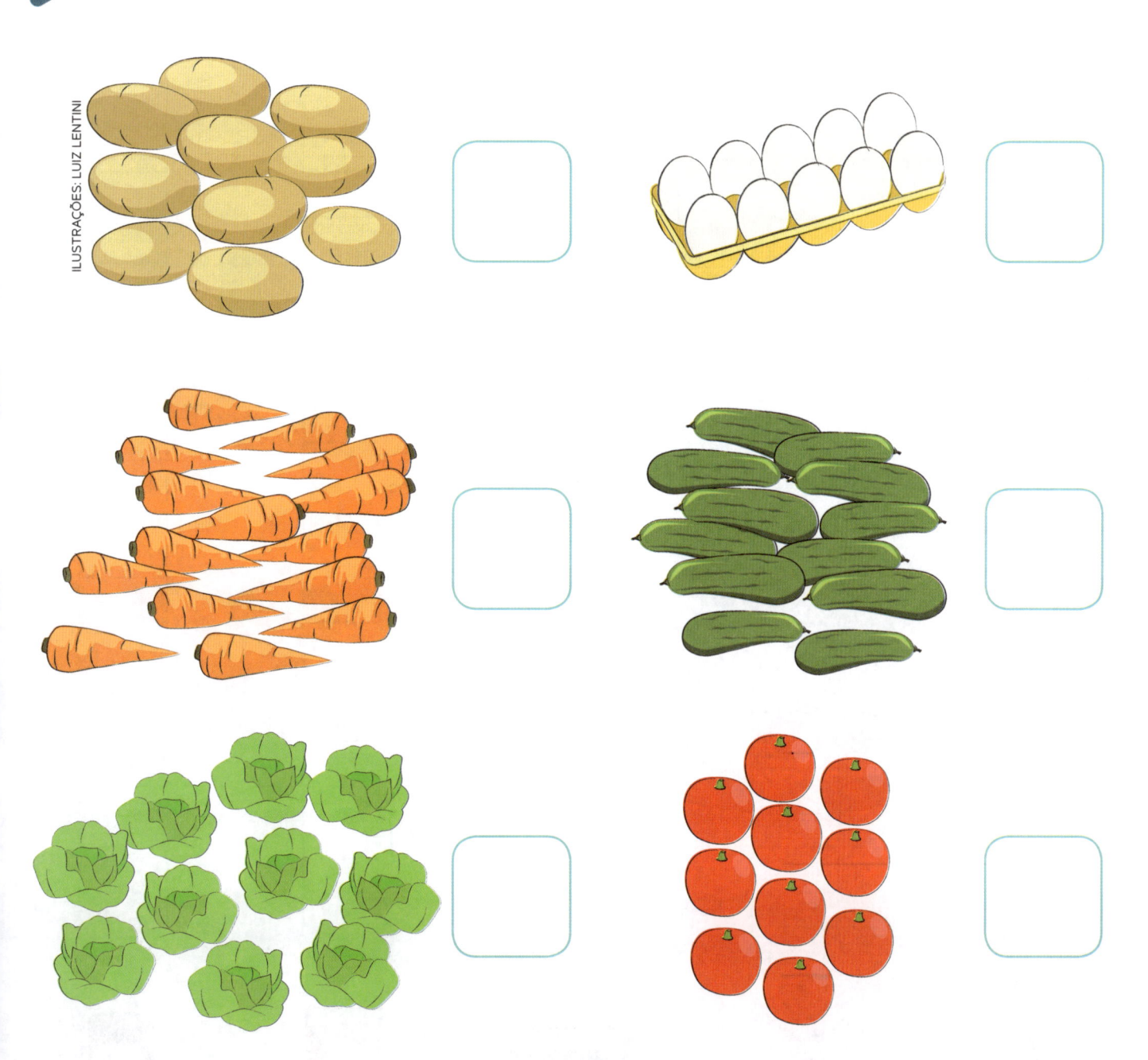

ILUSTRAÇÕES: LUIZ LENTINI

4 DEZENAS = 40 UNIDADES

Para o preparo das saladas, alguns ingredientes foram comprados. Conte as quantidades e escreva o número.
▼ Quais alimentos aparecem em **10 unidades**? Circule-os.
▼ Quantos grupos você circulou?
▼ Quatro dezenas formam que quantidade?

▶ AS COMPRAS CHEGARAM

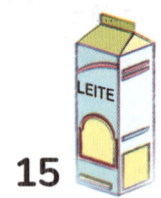

| 18 | 15 | 13 | 14 | 19 |

ÓLEO — LEITE — MARGARINA — MOLHO DE TOMATE — FERMENTO

ILUSTRAÇÕES: LUIZ LENTINI

As compras chegaram e o *chef* pediu à equipe que os alimentos fossem separados para conferência e contagem.

Observe a quantidade de cada alimento e registre-a no gráfico de colunas pintando um quadrinho para cada unidade.

▼ Qual foi o alimento comprado em **maior** quantidade?

MUITOS QUILOS DE ALIMENTOS

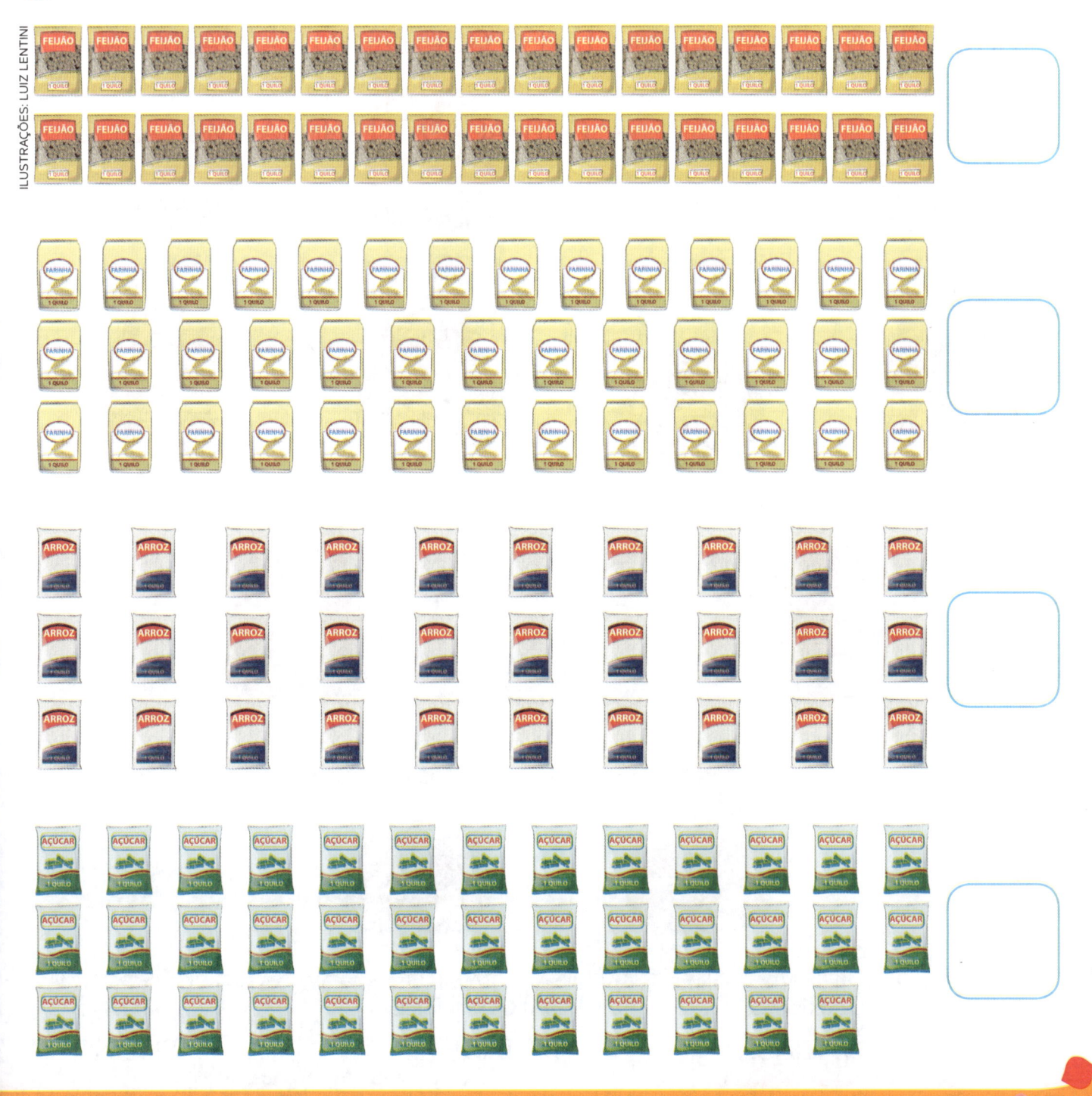

▼ Você sabia que alguns alimentos são comprados em quilos?

Alguns alimentos foram comprados em embalagens de **1 quilo**. O **quilo** é uma medida-padrão utilizada para comprar e vender diversos produtos, inclusive alimentos.

Observe as embalagens e escreva quantos quilos de cada alimento foram comprados.

TAREFA PARA CASA 4

O PREPARO DAS BEBIDAS

☐ JARRAS VAZIAS.

☐ JARRAS PELA METADE.

☐ JARRAS CHEIAS.

Para um almoço de domingo no restaurante do *chef* foram preparadas várias jarras de suco de laranja.

Circule as jarras que ainda estão **cheias**, marque um **X** nas jarras que estão pela **metade** e faça um **** nas jarras que estão **vazias**.

▼ Quantas jarras ainda estão **cheias**? E pela **metade**? E **vazias**?

Conte e escreva o número nos espaços correspondentes.

▶ **E SOBREMESAS PARA TERMINAR**

- ▼ Você gosta de sobremesa?
  Observe as sobremesas feitas pelo *chef* e forme **pares** pintando com a **mesma** cor as sobremesas **iguais**.
- ▼ Quantos **pares** você formou?
- ▼ Quantas sobremesas ficaram sem **par**?
  Faça um **X** nas sobremesas que ficaram sem **par**.

UNIDADE 3
PASSEIO À FAZENDA

Destaque as figuras da página 181 do encarte e cole-as nestas páginas para completar a cena.

- Você sabe que lugar é esse?
- O que você sabe sobre ele?
- Que espécie de animal aparece em **maior** quantidade na cena?
- Quantas pessoas você vê nela?
- Onde você acha que é possível usar a Matemática no dia a dia da fazenda?

Com os colegas e o professor, embarque nesse passeio pela fazenda e, juntos, façam novas descobertas com os números e a Matemática.

59

ANIMAIS DA FAZENDA

ILUSTRAÇÕES: ALEXANDRE MATTOS

- QUAL ANIMAL HÁ EM **MAIOR** QUANTIDADE? _____

- QUAL ANIMAL HÁ EM **MENOR** QUANTIDADE? _____

▼ Você sabe interpretar os dados do gráfico?
▼ Que informações você identifica?

Observe o gráfico com a quantidade de cada tipo de animal da fazenda ilustrada nas páginas de abertura desta unidade. Depois, responda às questões.

▼ Quais animais aparecem na **mesma** quantidade?

TEM HORTA NA FAZENDA

NA FAZENDA É ASSIM: TEM ANIMAIS, GENTE, HORTA, POMAR E JARDIM.

- QUANTOS PÉS DE ALFACE HÁ EM CADA CAIXA? _____

- QUANTOS PÉS DE ALFACE HÁ NO TOTAL? _____

☐ + ☐ + ☐ + ☐ = ☐

▼ Você já viu uma horta?
▼ Se viu, que alimentos estavam plantados?
   Observe a imagem e responda às perguntas. Depois, escreva nos quadrinhos a quantidade de pés de alface de cada caixa e junte-as para saber quantos há ao todo.
▼ Que quantidade total de pés de alface você encontrou?

TEM BOLO NA FAZENDA

▼ Você já plantou alimento em uma horta?

Muitas fazendas têm horta. Uma fazendeira tinha **26** cenouras plantadas em sua horta e colheu **12** cenouras para fazer bolos.

Faça um risco em cada cenoura que ela colheu e conte as cenouras que restaram. Escreva o número no quadrinho

CONVERSA DE JARDIM

A **ROSA** PERGUNTOU À **ROSA**:
— QUAL É A **ROSA** MAIS **ROSA** QUE EXISTE?
A **ROSA** RESPONDEU PARA A **ROSA**:
— A **ROSA** MAIS **ROSA** É A **ROSA** COR-DE-**ROSA**.

TRAVA-LÍNGUA.

4 DEZENAS

1 DEZENA

2 DEZENAS

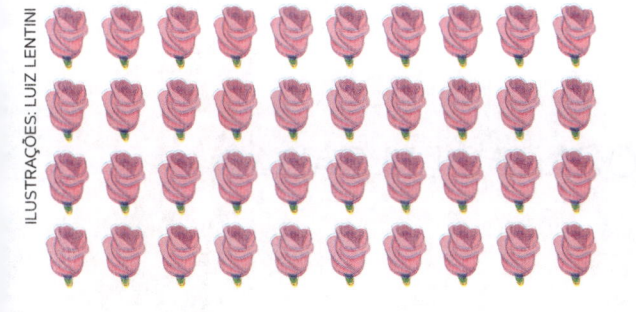

3 DEZENAS

ILUSTRAÇÕES: LUIZ LENTINI

40 ____ 42 ____ 44 ____ ____ ____ 48 ____

▼ Você já viu rosas?
▼ Se sim, de que cores elas eram?

Ouça o texto que o professor lerá. Depois, observe os grupos de rosas, conte as unidades de cada grupo e faça a correspondência.

Por fim, escreva os números que faltam para completar a sequência.

COLHENDO FLORES

- QUANTAS ROSAS FORAM COLHIDAS AO TODO? _____
- QUANTAS ROSAS FORAM COLOCADAS EM CADA VASO? _____

_____ + _____ + _____ = _____

▼ Que tal colher algumas rosas do jardim e organizá-las em vasos?

Para decorar a casa da fazenda foram colhidas rosas do jardim e distribuídas em **3** vasos diferentes.

Pinte as rosas e observe como elas foram distribuídas nos vasos. Depois, responda às questões.

ELAS GANHARAM ROSAS!

ILUSTRAÇÕES: ILUSTRA CARTOON

A fazendeira recebeu visita de **2** amigas e decidiu presenteá-las com as rosas de um dos vasos.

▼ Como será que ela fez para distribuir a mesma quantidade de rosas para as **2** amigas?

Destaque as figuras da página 177 do encarte e cole-as nesta página de modo que cada amiga fique com a mesma quantidade de flores.

▼ Quantas rosas cada uma recebeu?

UM DIA NA FAZENDA

QUANDO O SOL NEM DESPONTAVA
ELE JÁ ESTAVA EM PÉ
E UM QUI-QUI-RI-QUI CANTAVA
O FORMOSO GARNISÉ.

E AS GALINHAS ABRINDO AS ASAS
DEIXAVAM DELAS SAIR,
SE ESPREGUIÇANDO MATREIROS,
OS PINTINHOS BARULHENTOS
A CORRER PELO GALINHEIRO. [...]

A VAQUINHA MUGIA AQUI
A CABRITA BERRAVA ALI
E O SOL LENTAMENTE SUBIA
ILUMINANDO MAIS UM DIA
NA FAZENDA BEM-TE-VI.

MÁRCIA GLÓRIA RODRIGUEZ DOMINGUEZ. **A FAZENDA BEM-TE-VI**. 2. ED. SÃO PAULO: EDITORA DO BRASIL, 2008. P. 2-3 E 5.

- QUANTOS PINTINHOS HÁ?

- QUANTOS GRUPOS DE **2** PINTINHOS VOCÊ FORMOU?

▼ Se você não mora em uma fazenda, já visitou ou gostaria de conhecer uma?
▼ Em sua opinião, em uma fazenda há **muitos** ou **poucos** animais?

Acompanhe a leitura do professor e pinte a figura da galinha com os pintinhos. Depois, circule os pintinhos agrupando-os de **2** em **2** e responda às perguntas.

QUEM É ELE?

QUI-QUI-RI-QUI

- 1 GALO **ENTRE** OS DEMAIS GALOS, **EM CIMA** DO POLEIRO
- 1 PINTINHO **EMBAIXO** DO POLEIRO
- 1 PINTINHO **PERTO** DO GALO DA **ESQUERDA**
- 2 PINTINHOS **PERTO** DO GALO DA **DIREITA**
- 1 PINTINHO **LONGE** DO POLEIRO

▼ O que você sabe sobre o galo garnisé?
Observe a cena, destaque as figuras da página 179 do encarte e cole-as de acordo com a legenda.

DESCUBRA O BICHO

VACA AMARELA

VACA AMARELA
BABOU NA PANELA.
QUEM FALAR PRIMEIRO
COME TODA A BABA DELA.
ECA!

PARLENDA.

- UMA VACA TEM **4** PATAS. QUANTAS PATAS TÊM **5** VACAS JUNTAS? _____

ILUSTRA CARTOON

Ligue os pontos seguindo a ordem dos números do **menor** para o **maior** e você descobrirá um animal que vive na fazenda. Depois, pinte-o usando giz de cera.

▼ Você já viu esse animal de perto?

Converse sobre ele com os colegas e o professor e resolva o desafio. Se quiser, use material concreto como auxílio.

CURIOSIDADES SOBRE A VACA

A VACA É A FÊMEA DO BOI. ELA PODE VIVER ATÉ **15** ANOS E PESAR ATÉ **700** QUILOS. CONSEGUE DISTINGUIR OS SABORES SALGADO, DOCE, AMARGO E AZEDO E PASSA APROXIMADAMENTE **8** HORAS POR DIA RUMINANDO O QUE COME. O LEITE E A CARNE DA VACA SÃO USADOS PELOS SERES HUMANOS NA ALIMENTAÇÃO, E O COURO EM ARTIGOS DE VESTUÁRIO.

FONTE: SETE CURIOSIDADES POUCO CONHECIDAS SOBRE AS VACAS. IN: **PASTO EXTRAORDINÁRIO**. [S. L.], 1 NOV. 2019. DISPONÍVEL EM: HTTPS://PASTOEXTRAORDINARIO.COM.BR/SETE-CURIOSIDADES-POUCO-CONHECIDAS-SOBRE-AS-VACAS/. ACESSO EM: 3 ABRIL 2020.

▼ Como podemos medir o tamanho das coisas?
▼ Você já mediu o tamanho de algo?

Ouça a leitura do professor de algumas curiosidades sobre a vaca e pinte as vacas ilustradas. Depois, circule a vaca mais **alta** e faça um **X** nas vacas que têm o **mesmo tamanho**.

▼ Como seria uma vaca mais **baixa** que essas?

▶ FAZENDO A MEDIÇÃO

150 CM
800 QUILOS

130 CM
500 QUILOS

140 CM
700 QUILOS

O fazendeiro resolveu medir a **altura** e o **peso** de suas vacas. Observe a imagem e sublinhe de azul onde você acha que está marcado o **peso** de cada vaca, depois sublinhe de vermelho onde acha que está marcada a **altura** delas. Em seguida, circule o instrumento que as pessoas utilizam para medir a **altura** e faça um **X** no que é usado para medir o **peso**.

▼ Que outros instrumentos de medidas você conhece?

HORA DO LEITE

O MUGIDO DA VACA ZEZÉ AVISA A FAZENDEIRA QUE É HORA DE ORDENHAR O LEITE E PREPARAR O CAFÉ.

- VOCÊ GOSTA DE LEITE?

  ☐ SIM.   ☐ NÃO.

▼ Você sabe como o leite é ordenhado da vaca?

Observe as leiteiras, compare-as e numere-as por ordem de tamanho, da **menor** para a **maior**.

▼ Em qual das leiteiras cabe **mais** leite? E em qual cabe **menos** leite?

Com canetinha hidrocor, circule de **azul** a leiteira em que cabe **mais** leite e de **verde** aquela em que cabe **menos** leite.

COMO ESTÃO OS COPOS?

O LEITE DA VACA ZEZÉ FOI DISTRIBUÍDO EM ALGUNS COPOS.

ILUSTRAÇÕES: HÉLIO SENATORE

▼ Os copos são todos da mesma **largura**?
▼ Em que copo cabe **mais** leite?

Na primeira situação, faça uma bolinha no quadrinho do copo **mais largo** e um **X** no do copo **mais estreito**.

Na segunda situação, observe os copos e circule a sequência que está organizada do **cheio** para o **vazio**.

▶ VAMOS CAVALGAR?

- EM RELAÇÃO AOS PERSONAGENS, A CASA ESTÁ LOCALIZADA:

    ☐ EM CIMA.   ☐ EMBAIXO.   ☐ ATRÁS.

- COM QUE MÃO O HOMEM ESTÁ SEGURANDO O CHAPÉU?

    ☐ ESQUERDA.   ☐ DIREITA.

- CIRCULE O ANIMAL QUE ESTÁ **AO LADO DO** CAVALO.
- FAÇA UM **X** NO ANIMAL QUE ESTÁ **À FRENTE DO** CAVALO.

Observe a cena de um dia na fazenda, ouça a leitura do professor e faça o que se pede. Depois, observe você mesmo no local em que está e tudo o que há a seu redor.

▼ Quem ou o que está do seu lado **esquerdo**? E do lado **direito**?
▼ O que está **embaixo** de você? E **em cima**?
▼ Há objetos a sua **frente**? E **atrás** de você?

CADA BICHO EM SEU LUGAR

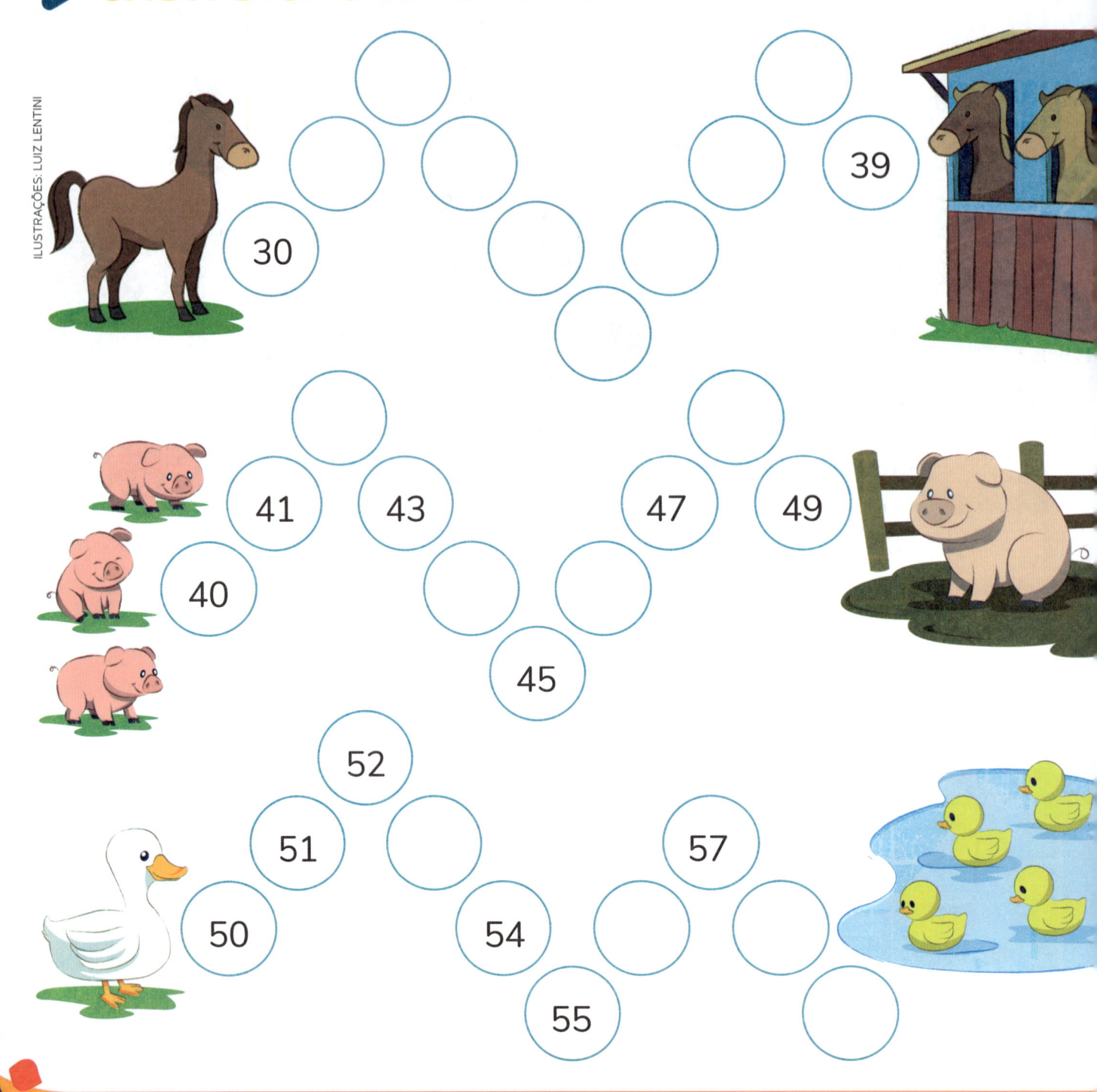

ILUSTRAÇÕES: LUIZ LENTINI

30 ... 39

40 41 43 ... 45 ... 47 49

50 51 52 ... 54 55 ... 57

▼ Quais números faltam em cada sequência?
Descubra o segredo de cada sequência e complete-as com os números que faltam para levar os bichos a seus pares.

▼ O que você percebeu em cada sequência?

▶ BICHO ESCONDIDO

QUAL ANIMAL VIVE NA FAZENDA, TEM O CORPO COBERTO DE PENAS, BOTA OVO AMARELINHO E VIVE CACAREJANDO?

ADIVINHA ESCRITA ESPECIALMENTE PARA ESTA OBRA.

CLÁUDIA MARIANNO

Muitos bichos vivem na fazenda.

Pinte os espaços onde há números e descubra qual é o bicho citado na adivinha. Comece pintando o espaço que tem o **menor** número.

▼ O que você sabe sobre esse animal?

Depois, diga em voz alta os números que você pintou em ordem do **menor** para o **maior**.

▶ VAMOS VENDER!

NA FAZENDA, OS PRODUTOS COLHIDOS DA HORTA E DO JARDIM QUE NÃO SERÃO CONSUMIDOS SÃO LEVADOS À FEIRA DA CIDADE PARA SEREM VENDIDOS.

- 5 REAIS
- 2 REAIS
- 50 REAIS
- 20 REAIS
- 10 REAIS

ILUSTRAÇÕES: HÉLIO SENATORE

▼ Como se chama o dinheiro que usamos atualmente no Brasil?
   Observe as cédulas e as figuras e diga em voz alta o valor de cada uma delas. Depois, ligue cada cédula ao produto que pode ser pago com ela sem que sobre troco.
▼ Qual é o produto mais **caro**?
▼ E o mais **barato**?

TAREFA PARA CASA 5

COMPRANDO MAIS PRODUTOS NA FEIRA

🍐	2 REAIS	🥭	5 REAIS
🍐🍐	_____ REAIS	🥭🥭	_____ REAIS
🍐🍐🍐	_____ REAIS	🥭🥭🥭	_____ REAIS
🍐🍐🍐🍐	_____ REAIS	🥭🥭🥭🥭	_____ REAIS
🍐🍐🍐🍐🍐	_____ REAIS	🥭🥭🥭🥭🥭	_____ REAIS

▼ Quantos reais são necessários para comprar mais quantidades de goiabas e mangas?

De acordo com os preços da feira e as quantidades indicadas, complete o quadro colocando os preços em reais. Destaque as figuras de moedas e cédulas de dinheiro das páginas 187 e 189 do encarte e use-as para auxiliá-lo nesta e em outras atividades.

FAZENDO COMPRAS

- QUANTAS CÉDULAS ELES TÊM PARA AS COMPRAS? _____

- QUAL É O VALOR DE CADA CÉDULA? _____ REAIS.

- QUAL É A QUANTIA QUE ELES TÊM AO TODO? _____ REAIS.

- QUANTO É PRECISO PARA COMPRAR **4** CARTELAS DE OVOS? _____ REAIS.

- QUANTO É PRECISO PARA COMPRAR **2** CAIXAS DE MORANGO? _____ REAIS.

▼ Você costuma usar dinheiro no dia a dia?
▼ Se sim, o que costuma comprar com ele?

Observe os produtos oferecidos na feira e o valor de cada um deles e responda às perguntas. Use o dinheiro destacado do encarte para fazer esta atividade.

Depois, circule o produto que custa **20 reais**.

CONTANDO OVOS

ROSINHA TRABALHA EM UMA FAZENDA E TODOS OS DIAS, BEM CEDINHO, RECOLHE OS OVOS DO GALINHEIRO E OS ORGANIZA DE **10** EM **10** NAS BANDEJAS.

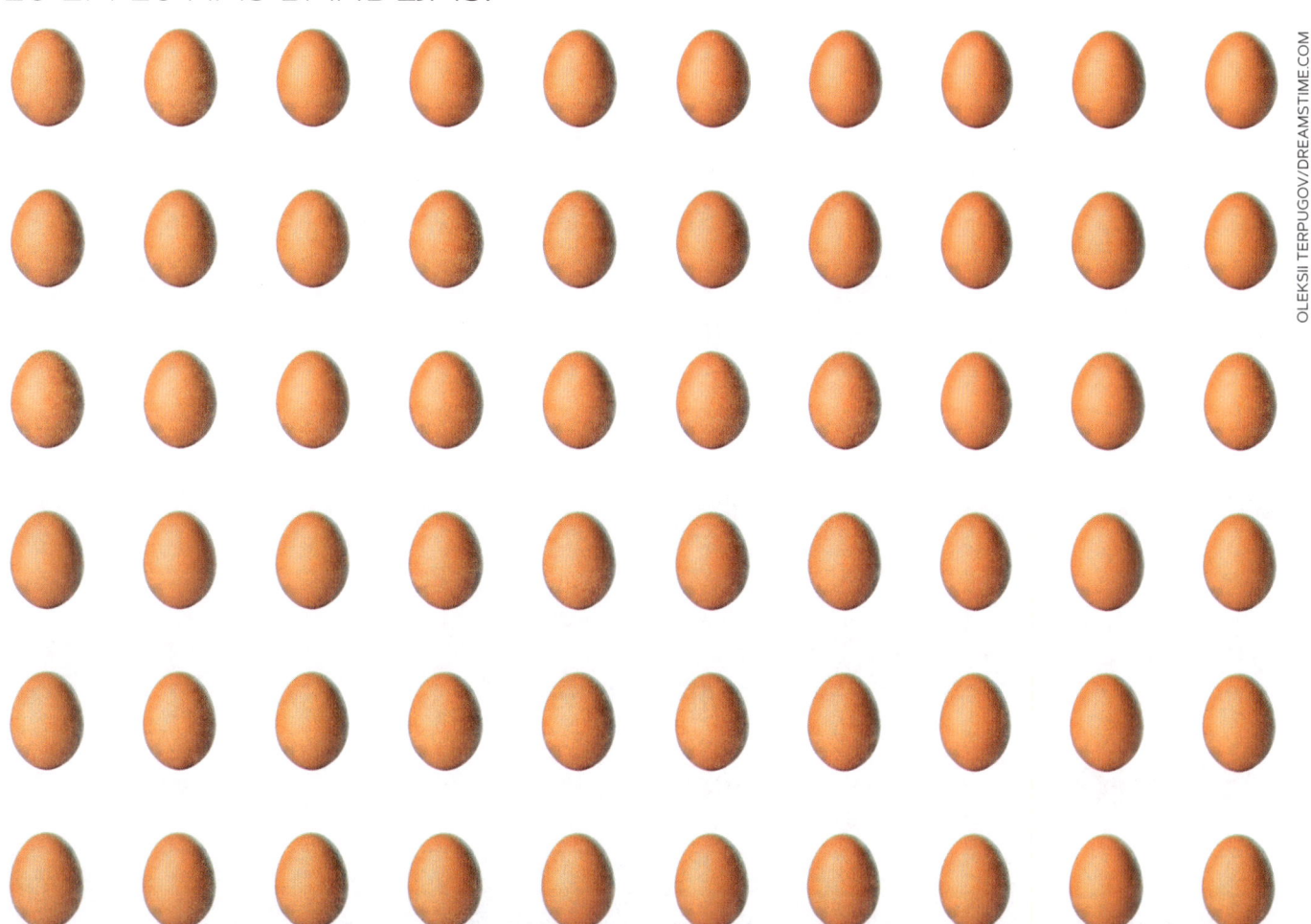

- QUANTAS DEZENAS VOCÊ FORMOU? _____
- QUANTAS UNIDADES HÁ AO TODO? _____

Acompanhe a leitura do professor. Depois, circule os ovos formando grupos de **10** e respondas às perguntas.

▼ Quantos ovos Rosinha recolheu do galinheiro essa manhã?

OVOS NA CULINÁRIA DA FAZENDA

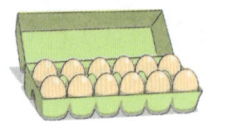

MENOS ... SÃO

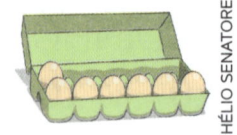

___ – ___ = ___

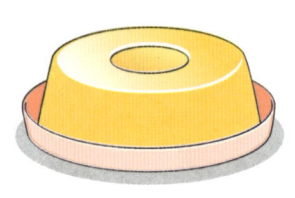

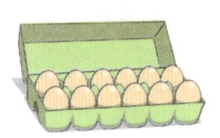

MENOS ... SÃO

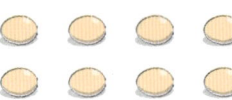

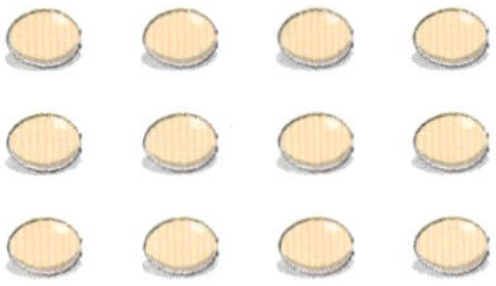

___ – ___ = ___

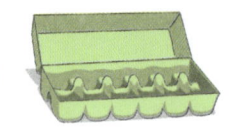

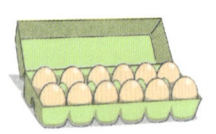

MENOS ... SÃO

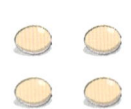

___ – ___ = ___

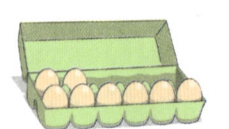

> PARA RETIRAR QUANTIDADES, FAZEMOS UMA **SUBTRAÇÃO**. NESSA OPERAÇÃO MATEMÁTICA USAMOS OS SINAIS DE – (MENOS) E = (IGUAL).

▼ Você costuma comer ovos?
Observe os ovos nas caixas, conte quantos foram usados em cada receita e complete os espaços com os números correspondentes. Por fim, circule onde há ausência de ovos e sublinhe o número que representa essa **ausência de quantidade**.

DELÍCIAS DA FAZENDA

DOCE DE BANANA CASEIRO

INGREDIENTES:
- **10** BANANAS MADURAS;
- **3** XÍCARAS DE AÇÚCAR.

MODO DE FAZER

AMASSE AS BANANAS COM UM GARFO, ACRESCENTE O AÇÚCAR E MISTURE BEM. LEVE AO FOGO BAIXO E MEXA ATÉ DESPRENDER DO FUNDO DA PANELA. DESPEJE EM UM PRATO, ESPERE ESFRIAR E ESTÁ PRONTO PARA SERVIR.

LUIZ LENTINI

- QUANTAS BANANAS RESTARAM? _____
- COM A QUANTIDADE DE BANANAS QUE SOBROU SERIA POSSÍVEL FAZER MAIS UMA RECEITA DO DOCE?

  ☐ SIM.   ☐ NÃO.

▼ Você já experimentou doce de banana?
Ouça a leitura do professor e faça um risco nas bananas que foram usadas na receita. Depois, responda às perguntas.

TAREFA PARA CASA 6

UNIDADE 4
EXCURSÃO DA ESCOLA

- Você já participou de uma excursão da escola?
- Se sim, para onde foi o passeio? Observe a cena ilustrada. As crianças estão se preparando para participar de uma excursão programada pela escola.
- Aonde será que elas vão? Pinte a cena.

  Depois, conte as crianças que já entraram no ônibus e as crianças que ainda faltam entrar nele e descubra o total de crianças que farão o passeio.

1. ANA PAULA ✓
2. BRUNO ✓
3. CAROLINA ✓
4. DANIEL ✓
5. DÉBORA ✓
6. EDUARDO ✓
7. ESTÉR ✓
8. FABIANA ✓
9. FÁBIO ✓
10. FÁTIMA ✓
11. FERNANDO ✓
12. GABRIEL ✓
13. HEITOR ✓
14. HELENA ✓
15. INÊS ✓
16. JOSÉ ✓
17. LAURA ✓
18. LEANDRO ✓
19. MARCELO ✓
20. MARINA ✓
21. NALDO
22. ODAIR

A DECISÃO

ILUSTRAÇÕES: LUIZ LENTINI

23 VOTOS
PONTOS TURÍSTICOS.

7 VOTOS
PARQUE AQUÁTICO.

2 VOTOS
PASSEIO ECOLÓGICO.

15 VOTOS
FAZENDINHA.

▼ Como você imagina que as crianças fizeram para decidir o destino da excursão da escola?

Para que a excursão acontecesse, foi necessário fazer uma votação para escolher o lugar a ser visitado. Observe o gráfico, pinte os quadrinhos de acordo com o número de votos e descubra para onde as crianças foram.

▼ Qual destino foi o **mais** votado? E qual foi o **menos** votado?

QUANTAS CRIANÇAS?

- TOTAL DE CRIANÇAS QUE FORAM AO PASSEIO: _____
- TOTAL DE CRIANÇAS DA **TURMA E** QUE PARTICIPARAM DO PASSEIO: _____

As turmas **A**, **B**, **C**, **D** e **E** dessa escola participaram da excursão. Para organizar as crianças, antes de entrar no ônibus, todas elas receberam um crachá com número. Observe as crianças da **turma E** aguardando para subir no ônibus e termine de numerar os crachás.

Depois, conte e registre os números pedidos.

O TRANSPORTE

1. NO ÔNIBUS **AMARELO**, SERÃO TRANSPORTADAS 32 CRIANÇAS. MAIS 2 CRIANÇAS CONFIRMARAM PRESENÇA NA EXCURSÃO.

- QUANTAS CRIANÇAS UTILIZARÃO O ÔNIBUS **AMARELO**?

2. NO ÔNIBUS **MARROM** JÁ EMBARCARAM 27 CRIANÇAS. AINDA HÁ 6 CRIANÇAS NA FILA PARA ENTRAR NO ÔNIBUS.

- QUANTAS CRIANÇAS UTILIZARÃO O ÔNIBUS **MARROM**?

▼ Você já andou em um ônibus de viagem?
▼ Se sim, como foi o passeio?

Ouça as situações-problema que o professor lerá e pinte as crianças que faltam para completar a quantidade total de crianças que utilizarão cada ônibus.

Depois, represente cada situação com uma **adição**. Não se esqueça de usar os sinais de + e =.

▶ O PASSEIO

PRIMEIRA VIAGEM SOZINHA

MOCHILAS, VALISES, MALAS
E RISOS NA MANHÃ FRIA,
MEU CORAÇÃO BATENDO NO PEITO,
COMO HÁ TEMPOS NÃO BATIA.

A MONTANHA AO LONGE BRILHA:
GEOU DE MADRUGADA
E A GRAMA ESBRANQUIÇADA
ATÉ PARECE FARINHA.

E VOU EU, COM MINHA ESCOLA,
SOLTA, NA ESTRADA VAZIA,
MEU CORAÇÃO, MARAVILHADO,
COMO HÁ TEMPOS NÃO SENTIA.

SÉRGIO CAPPARELLI. **111 POEMAS PARA CRIANÇAS**. 12. ED. PORTO ALEGRE: L&PM, 2009. P. 79.

ILUSTRAÇÕES: HÉLIO SENATORE

1º   2º
3º   4º
5º   6º

NO RELÓGIO, O **PONTEIRO PEQUENO** MARCA AS **HORAS**, E O **PONTEIRO GRANDE** MARCA OS **MINUTOS**.

Ouça o poema que o professor lerá.
▼ Sobre o que fala esse texto?

Para o passeio da escola foi combinado um horário de saída. Observe os relógios, leia as horas que eles marcam e pinte o **4º** relógio. Ele mostra a hora de saída do passeio.

▼ Para que horas está marcado o passeio?

QUE DIA É O PASSEIO?

						2021
				1	2	3
4	5	6	7	8	9	10
11	12	13	14	15	16	17
18	19	20	21	22	23	24
25	26	27	28	29	30	

O DIA DA EXCURSÃO É _____ DE _____ DE _____.

O dia da excursão foi definido pelas turmas da escola. Siga estas dicas para resolver o desafio, completar o calendário com os dias da semana e o mês e descobrir o dia do passeio.

- Nesse mês é comemorado o Dia do Índio.
- O passeio é no **3º** dia da **2ª** semana do mês.
▼ Que dia é o passeio? Em que dia da semana ele está?

AS LANCHEIRAS

As crianças levaram lancheiras com lanches e sucos para o passeio. Observe a forma dessas lancheiras e ligue-as ao sólido geométrico que se assemelha a elas.

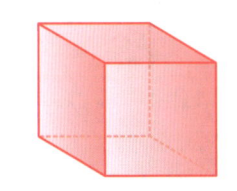

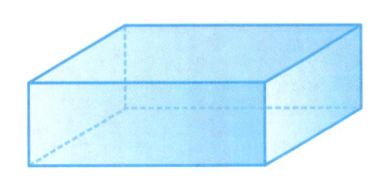

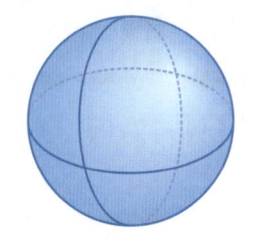

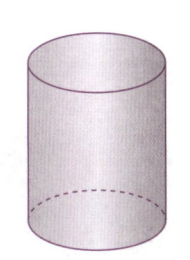

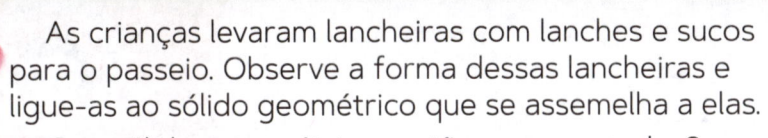

▼ Que sólidos geométricos estão representados? Por fim, circule as lancheiras em forma de **cilindro**.

▶ O ROTEIRO

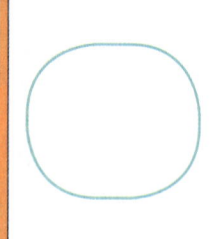

ILUSTRAÇÕES: HÉLIO SENATORE

MUSEU — 30 REAIS | INGRESSO | 30 REAIS

MUSEU.

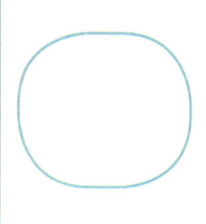

JARDIM BOTÂNICO — ENTRADA GRATUITA

JARDIM BOTÂNICO.

GIBITECA — 40 REAIS | INGRESSO | 40 REAIS

GIBITECA.

● VALOR TOTAL GASTO NOS PONTOS TURÍSTICOS: _____

O roteiro de visita da excursão inclui os seguintes pontos turísticos da cidade: Museu, Jardim Botânico e Gibiteca, nessa ordem.

Para visitar alguns desses pontos turísticos, as crianças tiveram de comprar ingresso. Observe os ingressos e escreva o valor de cada um deles.

▼ Quanto elas gastaram para entrar nos **3** locais?

Use o dinheiro destacado do encarte e registre o valor na linha.

PRIMEIRA PARADA: CHEGADA AO MUSEU!

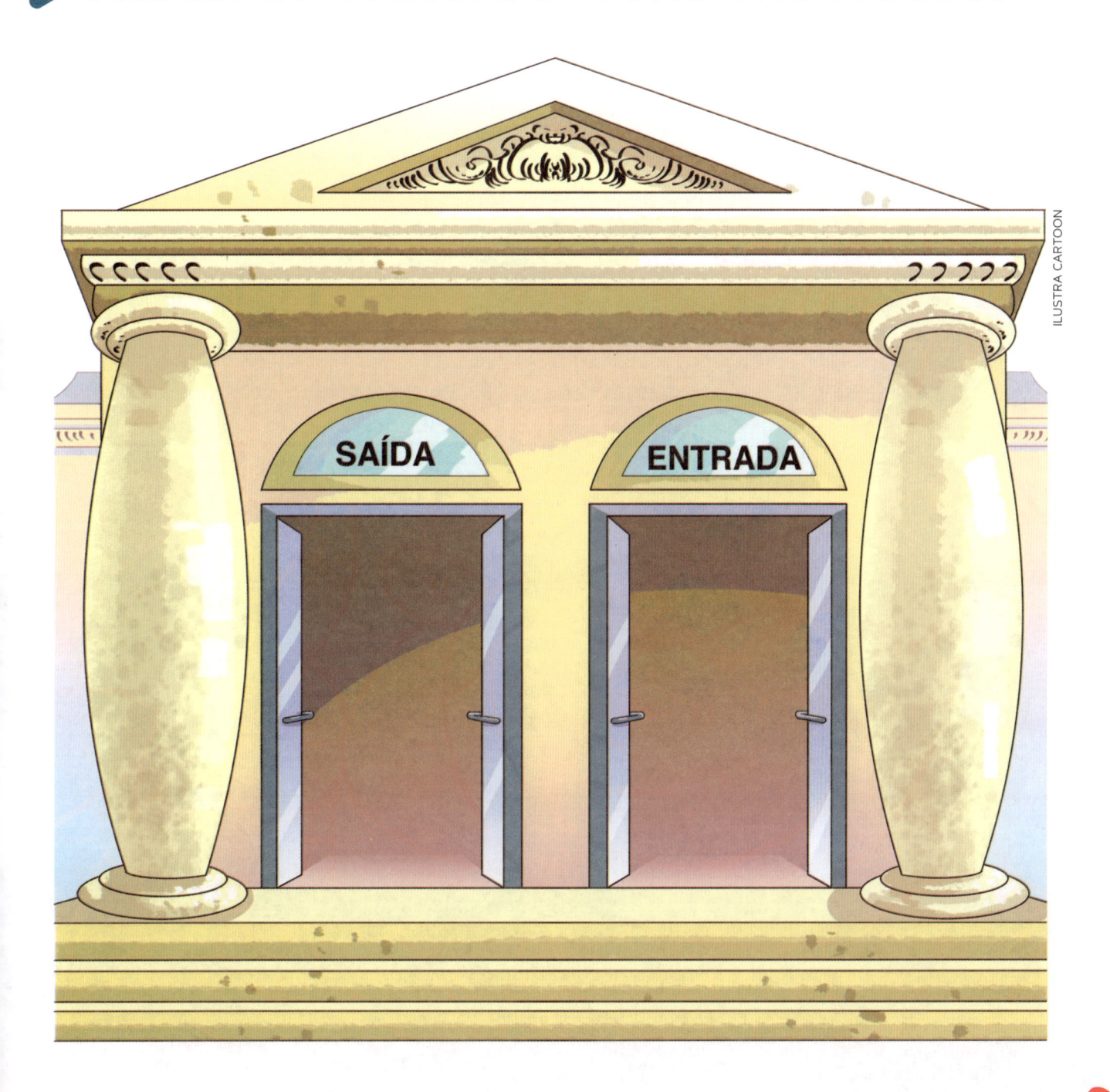

▼ Você já visitou um museu? Se sim, como ele era?

Para melhor circulação das crianças dentro do museu, abriram-se **2** portas e pediram a elas que entrassem pelo lado **direito** e saíssem pelo lado **esquerdo**.

Destaque as crianças da página 185 do encarte e cole-as no lado certo da porta para indicar se estão entrando ou saindo do museu.

ORGANIZANDO A FILA

- ▼ Você já precisou ficar em fila? Em que ocasião?

    Para apreciação de uma maquete do museu, as crianças foram organizadas em fila única.

    Numere as crianças da fila com números de ordem. Depois, circule a **primeira** criança da fila e marque um **X** na **terceira** criança da fila.

- ▼ Quantas crianças estão na fila?

A SALA DE OBJETOS ANTIGOS DO MUSEU

GYVAFOTO/SHUTTERSTOCK.COM
JOACHIM NIEHUS/SHUTTERSTOCK.COM 
LUIS2499/SHUTTERSTOCK.COM 
CH123/SHUTTERSTOCK.COM 
BILL OXFORD/ISTOCKPHOTO.COM 
JESSICA MORELLI/ISTOCKPHOTO.COM 
DUNDSTOCK/ISTOCKPHOTO.COM  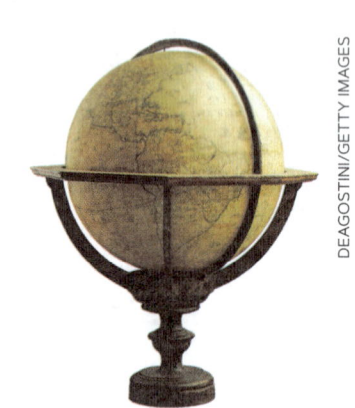
MICHAEL COURTNEY/SHUTTERSTOCK.COM
DEAGOSTINI/GETTY IMAGES
CAGI/SHUTTERSTOCK.COM 

▼ Você já viu objetos antigos?
▼ Que características você pode observar neles?
   Observe alguns objetos antigos apreciados pelas crianças em uma das salas do museu. Circule todos que têm a forma semelhante a um **cone**.
▼ Que objetos você circulou?

TAREFA PARA CASA 7

TELEFONES E UTENSÍLIOS ANTIGOS

1. NA SALA DE TELEFONES ANTIGOS DO MUSEU, HAVIA **15** TELEFONES E FOI RETIRADA **MEIA DÚZIA** PARA LIMPEZA.
- QUANTOS TELEFONES AINDA FICARAM EXPOSTOS?

_____ – _____ = _____

2. NA SALA DOS UTENSÍLIOS DOMÉSTICOS, HAVIA **24** OBJETOS E RETIRARAM **5**.
- QUANTOS OBJETOS AINDA ESTÃO EXPOSTOS NA SALA?

_____ – _____ = _____

No museu, as crianças puderam ver duas salas com muitos objetos antigos. Uma expunha telefones e a outra, utensílios domésticos.

Leia as situações-problema com o professor, risque as quantidades de objetos retiradas de cada sala e escreva os números em cada **subtração**.

▼ Qual sala ficou com **mais** objetos? Quantos objetos a **mais**?

NO JARDIM BOTÂNICO

▼ Você conhece um Jardim Botânico? O que podemos encontrar lá?

Passeando pelo Jardim Botânico, segunda parada da excursão, as crianças observaram vários tipos de árvores.

Pinte de **vermelho** as árvores **mais baixas** e de **verde** as árvores **mais altas**. Depois, pinte com sua cor preferida as árvores de **tamanho médio**.

▼ De que cor você pintou as árvores médias?

AS FLORES, QUE LINDAS!

- ▼ Você já viu uma orquídea?
- ▼ E uma estufa de flores?

Na estufa do Jardim Botânico ficam as orquídeas. Elas foram organizadas em sequência para propor um visual bonito aos visitantes.

Pinte as orquídeas seguindo a sequência de cores. Depois, complete os quadrinhos com os números que faltam.

AS FORMAS DO JARDIM BOTÂNICO

QUADRADOS

TRIÂNGULOS

FOTO AÉREA DE PARTE DO JARDIM BOTÂNICO DE CURITIBA, PARANÁ, 2019.

▼ Você já identificou formas geométricas em ambientes?

O Jardim Botânico visitado pelas crianças foi construído seguindo um desenho com formas geométricas.

Observe a imagem desse Jardim Botânico visto de cima. Com canetinha hidrocor, pinte os triângulos de **azul** e contorne os quadrados de **vermelho**. Depois conte e registre a quantidade de cada forma geométrica.

▼ Você consegue identificar **círculos** na imagem?

VISITA FINAL

COMBINAÇÃO 1

COMBINAÇÃO 2

Para visitar o último ponto turístico da excursão, a gibiteca, as crianças tiveram de pagar **40** reais cada uma.

▼ Que combinações de dinheiro elas podem ter feito para pagar o ingresso da gibiteca?

Usando o dinheiro destacado do encarte como auxílio, desenhe **2** possibilidades de combinação para totalizar **40** reais para pagar o ingresso.

LENDO GIBIS

● TOTAL DE MESAS NECESSÁRIAS: _____

As salas na gibiteca têm mesas que acomodam **3** crianças cada.
▼ Como será que essa turma de **30** crianças pode ser organizada para ler e apreciar os gibis?

Circule as crianças agrupando-as de **3** em **3**, conte quantos grupos você formou e descubra quantas mesas são necessárias para acomodar todas elas. Depois, registre o resultado no espaço indicado.

GIBIS ORGANIZADOS

| 60 | | | | | |

| | | | | 70 | |

| | | | | | |

| | 80 | |

60 = _____ DEZENAS   70 = _____ DEZENAS

Essa gibiteca é organizada com prateleiras e os gibis são numerados. No entanto, com o tempo e a grande circulação de pessoas pelo espaço, alguns números caíram.

Descubra os números que faltam e registre-os nas etiquetas.

▼ Quantas **dezenas** tem o número **60**? E o número **70**? Escreva cada dezena no espaço indicado.

TAREFA PARA CASA 8

AS SALAS DA GIBITECA

1. NA SALA DE DESENHOS, HAVIA **16** CRIANÇAS DESENHANDO. SAÍRAM **6** CRIANÇAS.
- QUANTAS CRIANÇAS FICARAM NA SALA DE DESENHO?

_____ − _____ = _____

2. NA SALA DE LEITURA, HAVIA **15** CRIANÇAS. CHEGARAM MAIS **7** CRIANÇAS PARA LER GIBIS.
- QUANTAS CRIANÇAS FICARAM NA SALA DE LEITURA?

_____ + _____ = _____

Na gibiteca existem várias salas para serem utilizadas pelo público que a visita. Cada sala é direcionada a um tipo de atividade.
▼ O que as crianças estão fazendo em cada sala?
Leia as situações-problema com o professor e resolva-as subtraindo e adicionando as quantidades. Depois, registre os números nos espaços corretos.

UM PRESENTE INESPERADO

ENQUANTO AS CRIANÇAS VISITAVAM A GIBITECA, ELA RECEBEU UMA DOAÇÃO DE **80** GIBIS. OS GIBIS ESTAVAM ORGANIZADOS EM CAIXAS COM **10** LIVROS CADA.

80 UNIDADES – 8 DEZENAS

60, _____, 62   _____, 64, 65   66, _____, 68   67, _____, 69

70, 71, _____   73, _____, 75   _____, 76, 77   _____, 79, _____

Destaque as figuras da página 191 do encarte e cole no espaço a quantidade de caixas de gibis que foram doadas à gibiteca.
▼ Que outros lugares você conhece que recebem doações?
Por fim, complete os espaços com os vizinhos dos números escritos.

SER CIDADÃO

> Olá! Bem vindo ao projeto "CULTURA E SABEDORIA".
> Escolha o livro ou a revista que quiser. Leia o quanto quiser. Leve para casa se achar necessário. Após a leitura, devolva e, se possível, doe outro exemplar para que chegue até outras pessoas. O livro e a revista precisam ser lidos pelo maior número de pessoas possíveis.
> Faça parte deste grande projeto.
> Muito obrigado.
>
> Juízes e servidores da comarca de Betim.

1. _____

2. _____

3. _____

▼ Você sabia que muitas pessoas fazem doações para ajudar a quem precisa ou para contribuir com projetos sociais?

Veja na imagem um projeto criado para doação e leitura de livros. A ideia é proporcionar que muitas pessoas leiam e compartilhem o maior número de livros possível.

▼ Se você fosse doar livros, quais livros doaria?

Escreva o nome de **3** livros que você já conhece e que doaria para incentivar a leitura de outras pessoas. Depois, apresente-os aos colegas.

UNIDADE 5
UM LUGAR DE DIVERSÃO

ALTURA MÁXIMA 1 METRO

PROIBIDO ANDAR DESCALÇO

BILHETERIA

CRIANÇA
15 REAIS
ADULTO
30 REAIS

EMBARQUE NESTA AVENTURA E DESCUBRA MUITA DIVERSÃO!

- O que você identifica na imagem?
  Destaque as figuras da página 183 do encarte e cole-as nos lugares correspondentes da cena para completá-la.
- Já visitou um lugar parecido com esse?
- O que geralmente encontramos em um parque de diversões?
  Identifique os números na cena e circule-os.
- Em quais situações os números aparecem na cena?
- Onde mais você identifica a Matemática em um parque de diversões?
  Em uma folha à parte, faça uma lista de situações do cotidiano em que você encontra os números.

ALEXANDRE MATTOS

PROIBIDO ALIMENTOS

2 PESSOAS POR CARRINHO

IDADE MÍNIMA 8 ANOS

107

QUE LUGAR É ESSE?

EXISTEM DIVERSOS TIPOS DE PARQUE, E A MAIORIA DELES FOI CRIADA PARA DIVERSÃO DE SEUS VISITANTES.

> O MINI MUNDO É UM PARQUE AO AR LIVRE FORMADO POR RÉPLICAS FIÉIS DE PRÉDIOS DE VÁRIAS PARTES DO MUNDO [...].
>
> JUNTAS, ELAS CONSTITUEM UMA CIDADE EM MINIATURA, ANIMADA POR MILHARES DE MINI-HABITANTES, ONDE TUDO É 24 VEZES MENOR QUE A REALIDADE.
>
> QUEM SOMOS. IN: **MINI MUNDO**. GRAMADO, C2020. DISPONÍVEL EM: HTTP://MINIMUNDO.COM.BR/PARQUE/QUEM-SOMOS. ACESSO EM: 15 ABR. 2020.

VISTA DE PARTE DO PARQUE MINI MUNDO, LOCALIZADO EM GRAMADO, RIO GRANDE DO SUL.

SE LIGUE NA REDE

Para saber mais informações sobre esse parque, consulte o endereço abaixo (acesso em: 3 jun. 2020).

▼ https://www.minimundo.com.br/

Ouça a leitura que o professor fará.
- Qual é o nome desse parque? Onde está localizado?
- Você gostaria de conhecê-lo?

Observe a imagem e liste todos os elementos que você conseguir identificar, elencando-os com números ordinais. Depois, compare sua lista com a de um colega.

VAMOS REDUZIR?

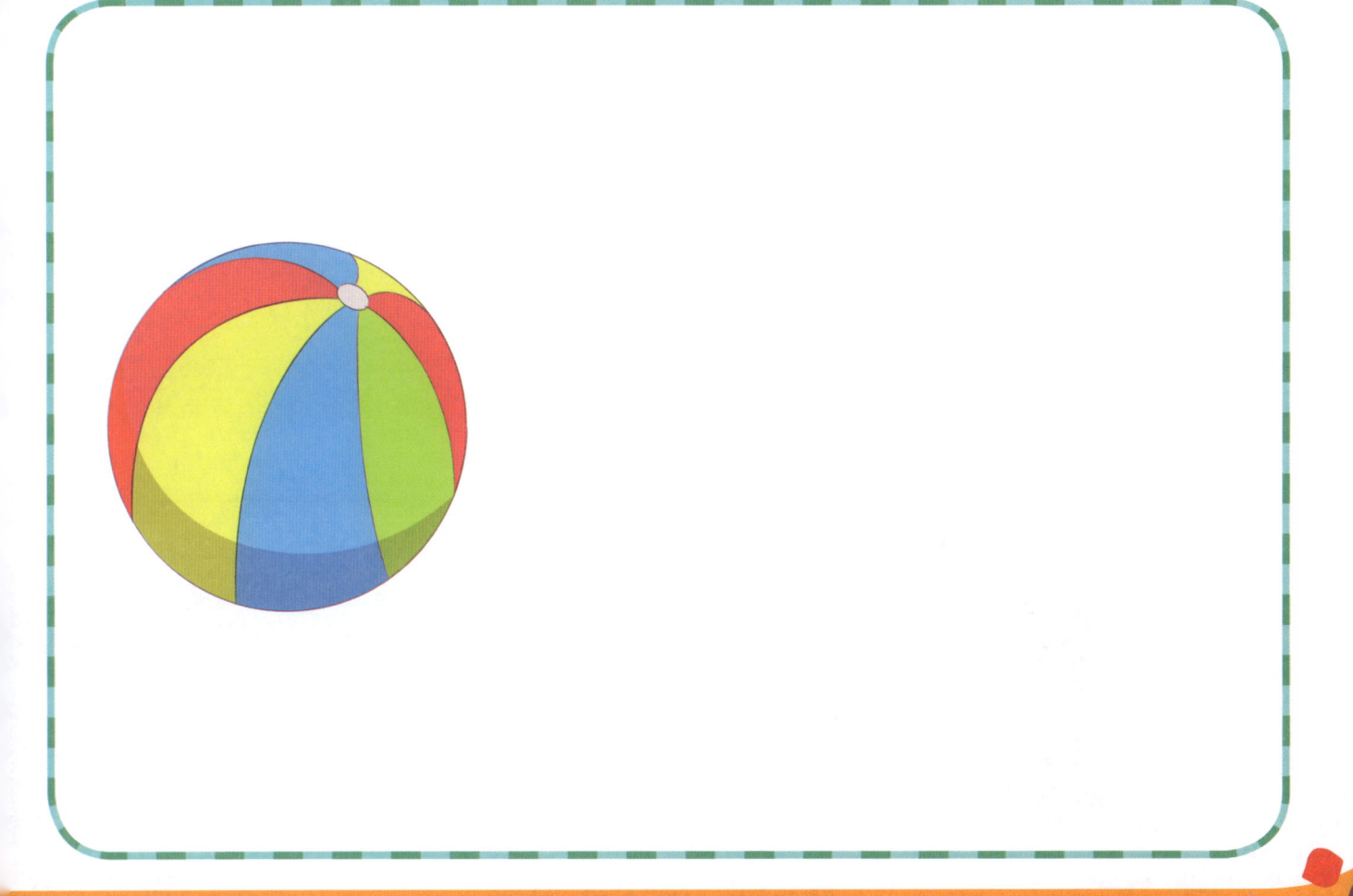

ILUSTRAÇÕES: LUIZ LENTINI

▼ Você sabe como se faz para reduzir o tamanho das coisas?
   Observe as casas e veja os diferentes tamanhos em que ela foi desenhada. Depois, experimente fazer o mesmo com a figura da bola. Desenhe-a em diferentes tamanhos **menores** que o inicial.
▼ Quantas vezes você desenhou a bola?
▼ O que você considera pequeno?

▶ VAMOS AUMENTAR?

LUIZ LENTINI

- ▼ Você sabe como se faz para aumentar o tamanho das coisas?
- ▼ O que usamos para medir?

   Experimente aumentar o tamanho dessa árvore. Desenhe-a de diferentes tamanhos **maiores** que o apresentado.
- ▼ O que você considera grande?

EXPLORAR E DESCOBRIR

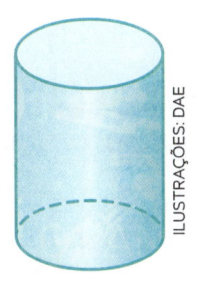

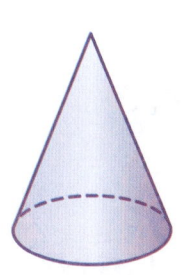

CILINDRO

CONE

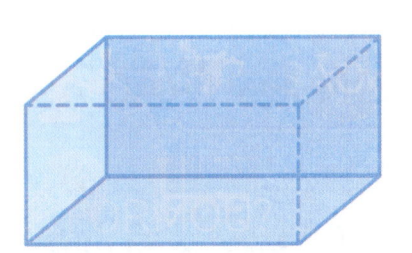

PARALELEPÍPEDO

PRISMA

▼ Você já percebeu que ao seu redor existem muitos objetos que lembram formas geométricas?

▼ Quais sólidos geométricos você identifica na imagem?

Observe os sólidos geométricos destacados na imagem e ligue-os às figuras correspondentes. Depois, escolha um deles e desenhe em uma folha à parte algum objeto de sua casa que se assemelha a ele.

VAMOS PASSEAR!

- QUANTAS CRIANÇAS HÁ NO TOTAL? _____

- QUANTOS ASSENTOS HÁ NO TOTAL? _____

- TODAS AS CRIANÇAS CONSEGUIRÃO ASSENTOS?

  ☐ SIM. ☐ NÃO.

- QUANTAS CRIANÇAS RESTARÃO SEM ASSENTO? _____

▼ Você já passeou em um trenzinho?

No parque Mini Mundo, as crianças farão um passeio de trenzinho. Observe a imagem e ligue cada criança a um assento do trem. Depois, responda às perguntas.

▼ Sobrará algum assento vazio no trem?

▼ Sobrará alguma criança sem assento?

LEMBRANÇA DO PARQUE

Enquanto visitava o parque Mini Mundo, Pedro comprou carrinhos em miniatura como lembrança do passeio.

Observe a imagem e ajude o menino a distribuir igualmente os carrinhos em **2** caixas.

▼ Quantos carrinhos ele comprou ao todo?
▼ Quantos carrinhos ele colocará em cada caixa?

▶ TEM HORA CERTA!

O PONTEIRO **MENOR** MARCA AS HORAS E ESTÁ APONTANDO PARA O **7**.
O PONTEIRO **MAIOR** MARCA OS MINUTOS E ESTÁ APONTANDO PARA O **12**. SÃO **7** HORAS EM PONTO.

O PARQUE MINI MUNDO FUNCIONA TODOS OS DIAS E TEM HORÁRIO CERTO PARA ABRIR E PARA FECHAR.

HORÁRIO DE FUNCIONAMENTO DAS 9 HORAS ÀS 17 HORAS

ILUSTRAÇÕES: LUIZ LENTINI

▼ O que você faz quando quer saber a hora?
▼ Você sabe ler as horas em um relógio?
Ouça a leitura que o professor fará.
Depois, desenhe os ponteiros no segundo relógio para marcar a hora de abertura do parque.
▼ Você sabe quantas horas tem um dia inteiro?

▶ TIQUE-TAQUE DO RELÓGIO

ACORDAR

ALMOÇAR

JANTAR

DORMIR

▼ A que horas você costuma acordar?
▼ A que horas você costuma almoçar? E jantar?
▼ E a que horas você costuma dormir?

Observe os relógios e desenhe os ponteiros para indicar o horário em que você costuma fazer cada uma dessas atividades, de acordo com sua rotina.

UM PARQUE, MUITAS AVENTURAS!

O PARQUE BETO CARRERO WORLD REÚNE EM UM SÓ LUGAR BRINQUEDOS, ATRAÇÕES ARTÍSTICAS, ZOOLÓGICO, CIRCO E MUITA DIVERSÃO.

1º _____ _____ _____ _____ _____ _____ _____ _____ _____

SE LIGUE NA REDE

Para saber mais informações sobre esse parque, consulte o endereço a seguir (acesso em: 15 abr. 2020).

▼ www.betocarrero.com.br

▼ Você conhece o Parque Beto Carrero World? O que sabe sobre ele?

Nesse parque, uma das atrações que as crianças e os adultos adoram é a autopista – brinquedo com carrinhos de bate-bate.

Observe os carrinhos na cena e numere-os na ordem que cada um ocupa na pista. Use canetinha hidrocor.

▼ Você já brincou nesse brinquedo?

TEM CARRINHOS NA PISTA

- QUANTAS CRIANÇAS HÁ EM CADA GRUPO

  FORMADO? _____

- QUANTOS GRUPOS VOCÊ FORMOU? _____

▼ Como será que podemos distribuir as crianças nos carrinhos disponíveis?

Observe as crianças e os carrinhos e agrupe as crianças de forma a distribuí-las igualmente entre os carrinhos disponíveis. Depois, ligue cada grupo de crianças a um carrinho e responda às perguntas.

TAREFA PARA CASA 9

TEM ANIMAIS NO PARQUE

VOCÊ SABIA QUE ATUALMENTE O ZOOLÓGICO DO PARQUE BETO CARRERO WORLD ABRIGA CERCA DE MIL ANIMAIS?

Pinte os espaços numerados para descobrir um animal que vive nesse parque. Depois, contorne o corpo dele com canetinha hidrocor **preta** e escreva os números no quadro em **ordem crescente**.

▼ Que animal você descobriu?
▼ O que você sabe sobre ele?

TEM FAMÍLIA DE BICHOS NO PARQUE

UMA GIRAFA PODE TER ATÉ _____ METROS DE ALTURA.

Na casa das girafas moram o casal e **2** filhotes. Observe a cena e desenhe os filhotes **entre** o pai e a mãe.

▼ Quantos animais moram nessa casa ao todo?
▼ Você sabe quantos metros de altura pode ter uma girafa? Pesquise com o professor e a turma e responda.

▶ VAMOS PASSEAR?

NO PARQUE BETO CARRERO WORLD, ADULTOS E CRIANÇAS PODEM CAVALGAR. ESSA É UMA DAS ATRAÇÕES QUE AS PESSOAS ADORAM.

Ligue os pontos seguindo a ordem dos números de **40** a **90** para descobrir um animal sobre o qual as pessoas podem passear no parque. Depois, pinte-o.

▼ O que você sabe sobre esse animal?
▼ Já andou em um animal como esse?

▶ VAMOS ORGANIZAR!

NO PARQUE, MUITAS PESSOAS COSTUMAM PASSEAR A CAVALO. A EQUIPE DE FUNCIONÁRIOS REGISTROU AS INFORMAÇÕES SOBRE A QUANTIDADE DE PESSOAS QUE VISITAM ESSA ATRAÇÃO E ORGANIZOU OS DADOS EM UMA TABELA.

DIA DA SEMANA	SEGUNDA-FEIRA	TERÇA-FEIRA	QUARTA-FEIRA	QUINTA-FEIRA	SEXTA-FEIRA	SÁBADO	DOMINGO
NÚMERO DE PESSOAS	19	10	50	30	45	80	70

- CIRCULE O DIA DA SEMANA EM QUE MAIS PESSOAS ANDARAM A CAVALO.
- ESCREVA O NÚMERO QUE VEM **ANTES** E O QUE VEM **DEPOIS** DO **MAIOR** NÚMERO REGISTRADO NA TABELA.

   ANTES: _____. DEPOIS: _____.
- MARQUE UM **X** NO DIA DA SEMANA QUE APRESENTA **3 DEZENAS** DE VISITANTES.
- COPIE O NOME DO DIA DA SEMANA QUE TEVE MENOS PESSOAS NESSA ATRAÇÃO. _____.

▼ O que você pode aprender com gráficos e tabelas?
▼ Para que eles servem?
   Observe a tabela que mostra a quantidade de pessoas que fizeram o passeio a cavalo no parque durante uma semana e faça o que se pede.

QUEM SÃO ELES?

ELEFANTE

ZEBRA

- QUAL DESSES ANIMAIS VOCÊ ACHA QUE É O **MAIS PESADO**?

  ☐ ELEFANTE. ☐ ZEBRA.

- QUAL DELES VOCÊ ACHA QUE O É **MAIS ALTO**?

  ☐ ELEFANTE. ☐ ZEBRA.

SUA TROMBA É SUA MÃO TAMBÉM. UM ELEFANTE PESA EM TORNO DE 4 000 A 6 000 QUILOS E MEDE ATÉ 400 CENTÍMETROS.

VIVE DE PIJAMA LISTRADO DE PRETO E BRANCO. UMA ZEBRA PESA ENTRE 200 E 320 QUILOS E MEDE EM TORNO DE 150 CENTÍMETROS.

Esses dois animais também fazem parte das atrações do Parque Beto Carrero World. Observe-os, compare-os e responda às perguntas.

Depois, ouça a leitura do professor e, com a ajuda dele, descubra se você acertou.

▼ O que mais você sabe sobre esses animais?

QUANTA AVENTURA!

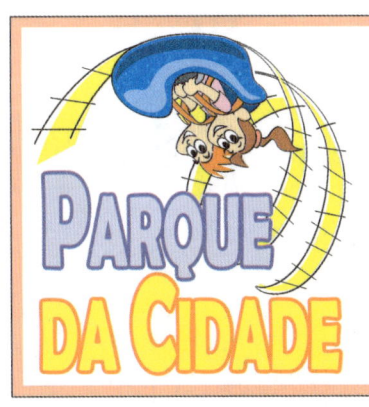

PARQUE DA CIDADE

HORÁRIO DE FUNCIONAMENTO

★ SEXTAS-FEIRAS: DAS 10 HORAS ÀS 16 HORAS

★ SÁBADOS, DOMINGOS E FERIADOS: DAS 11 HORAS ÀS 18 HORAS

OUTUBRO 2021

DOMINGO	SEGUNDA-FEIRA	TERÇA-FEIRA	QUARTA-FEIRA	QUINTA-FEIRA	SEXTA-FEIRA	SÁBADO
					1	2
3	4	5	6	7	8	9
10	11	12	13	14	15	16
17	18	19	20	21	22	23
24	25	26	27	28	29	30
31						

12: DIA DAS CRIANÇAS

Circule o nome do parque e sublinhe a indicação de seus horários de funcionamento. Depois, observe o calendário e siga as cores da legenda para pintar os dias em que o parque estará aberto.

▼ Quantos dias o parque ficará fechado nesse mês?

Pinte esses dias de **vermelho**.

▶ **VAMOS PESCAR?**

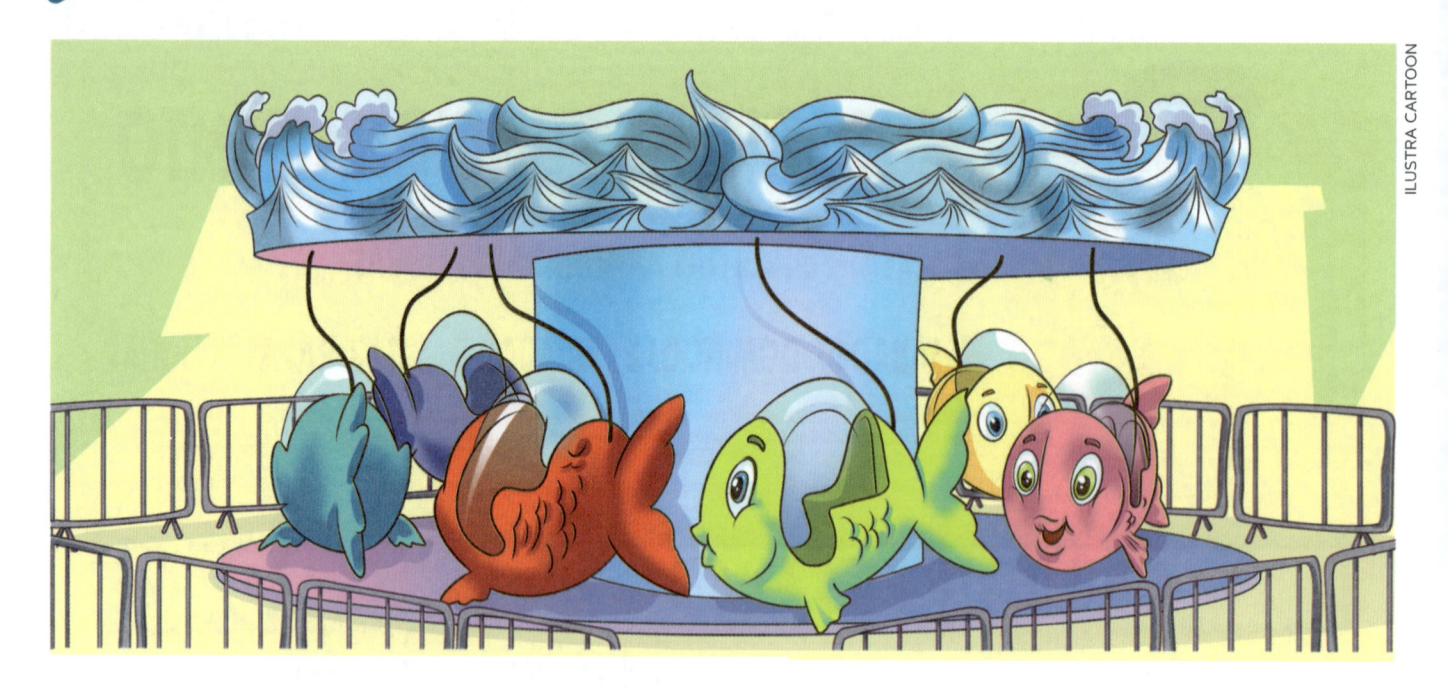

GIRA-GIRA DOS PEIXES

RESTRIÇÕES
ALTURA MÍNIMA: 90 CM
ALTURA MÁXIMA: 150 CM
CAPACIDADE: 2 VISITANTES POR PEIXE

- QUAL É A SUA ALTURA? _____
- SE VOCÊ FOSSE AO PARQUE, PODERIA BRINCAR NESSE BRINQUEDO? ☐ SIM. ☐ NÃO.

▼ Como se chama a atração do parque representada na imagem?
Em muitos parques há restrições para o uso de certos brinquedos.
Com a ajuda do professor, circule com canetinhas hidrocor de cores diferentes a altura mínima e a altura máxima para poder brincar no brinquedo.
Depois, meça a sua altura e responda às perguntas.

▶ ATENÇÃO!

PARA BRINCAR NO GIRA-GIRA DOS PEIXES É PRECISO ATENÇÃO A ALGUMAS ORIENTAÇÕES IMPORTANTES. VEJA:

- PERMANEÇA SENTADO DURANTE O TEMPO EM QUE ESTIVER NO BRINQUEDO.

NÃO É PERMITIDO

ALIMENTOS E BEBIDAS.　　　　ESTAR DESCALÇO.

Leia as informações com o professor e a turma.
▼ O que significa cada símbolo ilustrado? Você já viu símbolos como esses?
Crie um símbolo para informar às outras crianças que elas não podem ficar em pé dentro dos peixes do brinquedo enquanto ele estiver em movimento. Desenhe-o na página.

▶ DIVERSÃO É AQUI!

NO PARQUE DA CIDADE, O CARROSSEL TEM CAPACIDADE PARA **28** CRIANÇAS. NO MOMENTO, HÁ **20** CRIANÇAS BRINCANDO NELE.

- QUANTAS CRIANÇAS AINDA PODEM ENTRAR? _____

DESCERAM **10** CRIANÇAS DO CARROSSEL.
- QUANTAS CRIANÇAS AINDA ESTÃO BRINCANDO NELE?

_____

- E AGORA, QUANTAS CRIANÇAS AINDA PODEM ENTRAR NESSE BRINQUEDO? _____

Observe o brinquedo ilustrado. Ele é comum em muitos parques.
▼ Você sabe o nome desse brinquedo? Qual é?
▼ Já brincou nele?
Leia a situação-problema com o professor e resolva-a.

▶ QUANTAS BOLINHAS?

- ▼ Você já brincou em uma piscina de bolinhas?
- ▼ Ela tem **poucas** ou **muitas** bolinhas?
  Com cola colorida de cores variadas, faça **muitas** bolinhas nessa piscina. Depois, sem contar, estime a quantidade delas.
- ▼ Quantas bolinhas você fez?

TAREFA PARA CASA 10

AS ATRAÇÕES NO PARQUE CONTINUAM

A **RODA-GIGANTE DA TURMA** É SUPERDIVERTIDA. NELA, HÁ **8** GÔNDOLAS, COM CAPACIDADE PARA ATÉ **3** PESSOAS POR GÔNDOLA.

- QUANTAS PESSOAS AO TODO PODEM PASSEAR NESSA RODA-GIGANTE AO MESMO TEMPO? _____
- SE A CAPACIDADE DE CADA GÔNDOLA FOSSE DE ATÉ **2** PESSOAS, QUANTAS PESSOAS PODERIAM PASSEAR AO MESMO TEMPO? _____

▼ Que brinquedo está representado?
▼ Você já passeou em uma roda-gigante?
▼ Se passeou, sentiu medo de altura?

Leia a situação-problema com o professor e responda às perguntas. Se preferir, use material concreto como auxílio.

UNIDADE 6
CURIOSIDADES DE MATEMÁTICA

5 - 1 = 4

- Você é curioso?
- O que você sabe sobre o Universo?
- E sobre os corais? E os animais?
- E sobre as flores e as frutas? Pinte a cena e descubra qual é o tema desta unidade.
- Que outras curiosidades de Matemática você conhece? Converse com os colegas e o professor sobre os assuntos apresentados nestas páginas.

ALEXANDRE MATTOS

CURIOSIDADES SOBRE O UNIVERSO

O UNIVERSO COMPREENDE TUDO O QUE EXISTE. DENTRO DO UNIVERSO ESTÁ O SISTEMA SOLAR, E DENTRO DO SISTEMA SOLAR ESTÁ O PLANETA TERRA, QUE É O MUNDO ONDE VIVEMOS.

AO OBSERVAR O CÉU DAQUI DA TERRA, MUITAS VEZES PODEMOS VER OUTROS ELEMENTOS QUE FAZEM PARTE DO SISTEMA SOLAR.

CÉU DIURNO

CÉU NOTURNO

▼ Você costuma observar o céu de dia? E de noite?
▼ Que elementos você identifica quando observa o céu?
   Desenhe tudo o que você enxerga no céu em cada período do dia, nos respectivos quadros.
▼ Você sabe quantas horas tem o dia e quantas horas tem a noite?

O SISTEMA SOLAR

O SISTEMA SOLAR É FORMADO POR SOL, PLANETAS, SATÉLITES, COMETAS, ASTEROIDES, GÁS, POEIRA, ALÉM DE OUTROS ELEMENTOS.

LUIZ LENTINI

Destaque os planetas da página 191 do encarte e cole-os no Sistema Solar seguindo as orientações do professor. Depois, circule o **maior** planeta e marque um **X** no **menor** planeta.
▼ Quantos planetas fazem parte do Sistema Solar?
▼ Qual é a ordem dos planetas que você colou?

OS SATÉLITES

OS SATÉLITES SÃO PEQUENOS CORPOS CELESTES QUE ORBITAM EM TORNO DE PLANETAS. HÁ SATÉLITES NATURAIS E SATÉLITES ARTIFICIAIS. O PLANETA TERRA TEM APENAS UM SATÉLITE NATURAL: A LUA.

ILUSTRAÇÕES: LUIZ LENTINI

MERCÚRIO	53 SATÉLITES
VÊNUS	50 SATÉLITES
TERRA	27 SATÉLITES
MARTE	13 SATÉLITES
JÚPITER	2 SATÉLITES
SATURNO	1 SATÉLITE
URANO	0 SATÉLITE
NETUNO	0 SATÉLITE

▼ Você sabe quais planetas têm satélite natural?
   Ligue cada planeta à quantidade de satélites naturais que ele tem, seguindo as cores indicadas. Depois, circule o que tem **mais** satélites e faça um **X** nos que não têm nenhum satélite.
▼ Em quais planetas não há satélites?
▼ Que símbolo representa a ausência de quantidades?

A ORDEM DOS PLANETAS

MERCÚRIO VÊNUS TERRA MARTE JÚPITER SATURNO URANO NETUNO

EM RELAÇÃO AO SOL:

TERRA

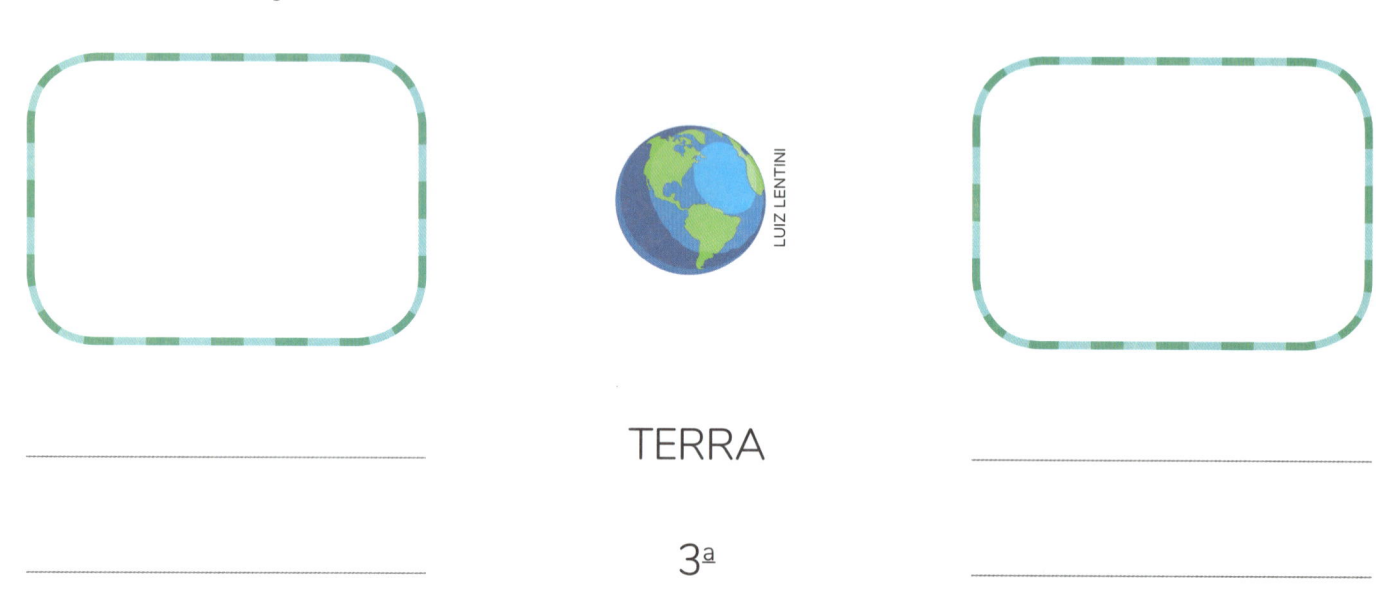

3ª

- QUAL PLANETA OCUPA A **6ª** POSIÇÃO? _____
- QUE POSIÇÃO URANO OCUPA? _____
- QUAL PLANETA OCUPA A ÚLTIMA POSIÇÃO? _____

Observe a representação do Sistema Solar e veja que cada planeta tem uma posição em relação ao Sol.
▼ Em que posição a Terra se encontra?
▼ Que planeta é **antecessor** à Terra? E qual é o **sucessor**?
Registre nos espaços desenhando e escrevendo. Depois, responda às perguntas.

CURIOSIDADES SOBRE OS RECIFES DE CORAIS

OS RECIFES DE CORAIS SÃO UM HÁBITAT MARINHO MUITO IMPORTANTE PARA DIVERSOS ANIMAIS E ALGAS.

HÉLIO SENATORE

▼ Você já ouviu falar de recifes de corais?
   Leia o texto com o professor e observe o recife de coral ilustrado. Nele habitam **90** peixes, divididos em cardumes de **10** peixes cada. Conte os cardumes e desenhe os peixes que faltam para completar **90** peixes.
▼ Quantas dezenas representam **90** unidades?

▶ **BELEZAS DO FUNDO DO MAR**

1. EM UM RECIFE DE CORAL HAVIA **15** PEIXES, MAS **3** PEIXES SAÍRAM NADANDO PARA LONGE.
   - QUANTOS PEIXES FICARAM NO RECIFE?

2. VIVIAM TAMBÉM **19** CAMARÕES NESSE RECIFE DE CORAL, MAS **6** DELES FORAM COMIDOS POR PREDADORES.
   - QUANTOS CAMARÕES SOBRARAM NO RECIFE?

▼ Você sabe quais animais podemos encontrar em um recife de coral?

Observe a fotografia de um recife de coral.

Depois, resolva as situações-problema desenhando nos quadros e riscando os elementos desenhados de acordo com as quantidades indicadas.

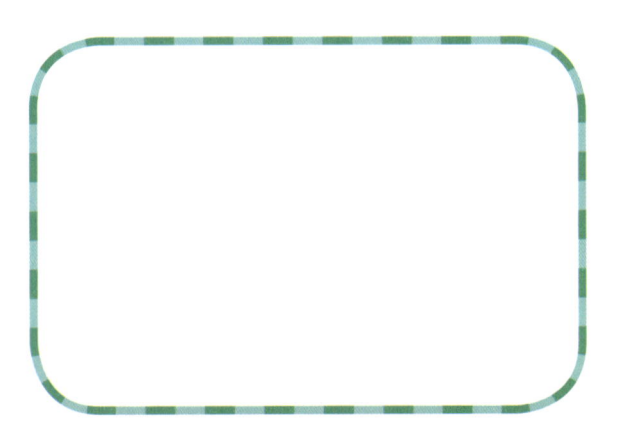

TAREFA PARA CASA 11

QUANTOS PEIXES?

▼ Você já viu peixes no fundo do mar?
▼ Sabe como eles se protegem?

Os peixes se escondem nos recifes de corais para se proteger de predadores. Observe os **2** recifes e distribua os peixes de forma que cada recife fique com a mesma quantidade de peixes.

▼ Quantos peixes se esconderam em cada recife?

SER CIDADÃO

Conheça as riquezas dos recifes, mas antes busque informações com os profissionais da área.

Ao movimentar as jangadas, evite o contato do remo com os recifes.

Fundeie o barco na areia. Assim você preserva os corais e evita um crime ambiental.

Não pise nem toque nos corais, eles são animais muito frágeis e morrem facilmente. Além disso, você pode se machucar.

conduta consciente em ambientes recifais

MINISTÉRIO DO MEIO AMBIENTE

SE LIGUE NA REDE

Para saber mais sobre os recifes de corais, consulte o endereço a seguir (acesso em: 22 abr. 2020).

▼ www.mma.gov.br/biodiversidade/biodiversidade-aquatica/zona-costeira-e-marinha/campanhas-de-conservacao-da-biodiversidade-marinha.html

▼ Você acha importante cuidar dos corais e preservá-los? Por quê?
▼ Como podemos ajudar na conservação dos recifes de corais?

Ouça a leitura do cartaz que o professor fará e descubra algumas maneiras de preservar os corais. Depois, converse com os colegas e, em pequenos grupos, elaborem um cartaz para mostrar suas ideias de preservação.

CURIOSIDADES SOBRE OS ANIMAIS

PANDAS RECÉM-NASCIDOS SÃO MAIS LEVES DO QUE UMA XÍCARA DE CHÁ.

RAFAEL G. A. PIRES. 21 CURIOSIDADES SOBRE ANIMAIS [...]. IN: **MEGA CURIOSO**. [S. L], 5 AGO. 2014. DISPONÍVEL EM: WWW.MEGACURIOSO. COM.BR/ANIMAIS/45175-21-CURIOSIDADES-SOBRE-ANIMAIS-QUE-VOCE-NAO-SABIA.HTM. ACESSO EM: 22 ABR. 2020.

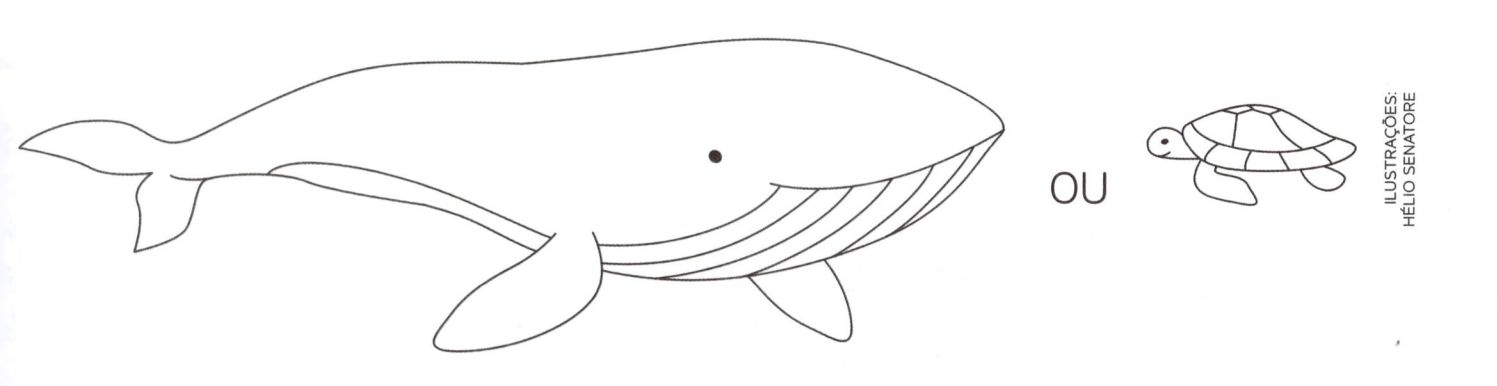

OU

OU

▼ Você sabe o peso de alguns animais?
   Leia o texto com o professor e veja que curioso é o peso de um panda recém-nascido.
▼ Você acha que ele é **leve** ou **pesado**?
▼ O que você usou como referência para dizer se ele é **leve** ou **pesado**?
   Observe as figuras e pinte o animal de cada dupla que é **mais pesado**.

▶ OLHA O TAMANHO!

HÉLIO SENATORE

[...] TAMANDUÁS NÃO TÊM DENTES, MAS SUAS LÍNGUAS SÃO EXTREMAMENTE PEGAJOSAS E PODEM CRESCER ATÉ DOIS METROS DE COMPRIMENTO. [...]

23 COISAS INCRÍVEIS SOBRE ANIMAIS QUE VOCÊ NUNCA IMAGINOU. **REVISTA GALILEU**, SÃO PAULO, 16 AGO. 2017. DISPONÍVEL EM: HTTPS://REVISTAGALILEU.GLOBO.COM/CIENCIA/NOTICIA/2017/08/23-COISAS-INCRIVEIS-SOBRE-ANIMAIS-QUE-VOCE-NUNCA-IMAGINOU.HTML. ACESSO EM: 22 ABR. 2020.

> PARA MEDIRMOS O **COMPRIMENTO** UTILIZAMOS A MEDIDA-PADRÃO CHAMADA **METRO**.

▼ Você já viu um tamanduá de perto?
Ouça uma curiosidade sobre ele que o professor lerá. Depois, pinte de **marrom** o tamanduá que tem a língua **mais comprida** e de **cinza** o tamanduá que tem a língua **mais curta**.

▼ Que outras coisas podemos medir com o **metro**?

MUDANDO DE COR

[...] ALÉM DE MUDAREM DE COR, OS **CAMALEÕES** PODEM MOVER OS OLHOS SEPARADAMENTE E OLHAR EM DUAS DIREÇÕES AO MESMO TEMPO. [...]

23 COISAS INCRÍVEIS SOBRE ANIMAIS QUE VOCÊ NUNCA IMAGINOU. **REVISTA GALILEU**, SÃO PAULO, 16 AGO. 2017. DISPONÍVEL EM: HTTPS://REVISTAGALILEU.GLOBO.COM/CIENCIA/NOTICIA/2017/08/23-COISAS-INCRIVEIS-SOBRE-ANIMAIS-QUE-VOCE-NUNCA-IMAGINOU.HTML. ACESSO EM: 22 ABR. 2020.

ILUSTRAÇÕES: HÉLIO SENATORE

Pinte os camaleões da primeira linha criando uma sequência de cores para mostrar como eles podem se camuflar. Depois, repita a sequência nas outras linhas.

Por fim, agrupe os camaleões em **trios**.

▼ Quantos **trios** você formou?
▼ Quantas vezes você agrupou os camaleões?

PATINHA COM PATINHA

[...] AS LONTRAS-MARINHAS FICAM COM AS PATAS UNIDAS QUANDO DORMEM PARA NÃO SE SEPARAREM ENQUANTO BOIAM. [...]

20 CURIOSIDADES FOFAS SOBRE O MUNDO ANIMAL. IN: **INCRÍVEL.CLUB**. [S. L.], [20--]. DISPONÍVEL EM: HTTPS://INCRIVEL.CLUB/ADMIRACAO-ANIMAIS/20-CURIOSIDADES-FOFAS-SOBRE-O-MUNDO-ANIMAL-624110/?UTM_SOURCE=INCRIVEL_WEB&UTM_MEDIUM=ARTICLE&UTM_CAMPAIGN=SHARE_IMAGE&UTM_CONTENT=FACEBOOK&IMAGE=4610610. ACESSO EM: 24 ABR. 2020.

▼ Você já viu uma lontra-marinha de perto?

Observe a fotografia e leia o texto com o professor para descobrir o que elas estão fazendo. Depois, organize as lontras em **2** grupos, de forma que fique a mesma quantidade de animais em cada grupo. Por fim, forme **duplas** de lontras.

▼ Quantas lontras ficaram em cada grupo?

▼ Quantas vezes você formou duplas de lontras?

CURIOSIDADES SOBRE AS PLANTAS

CURIOSIDADES SOBRE A FLORA DO PANTANAL

[...] DURANTE OS MESES DE JULHO E AGOSTO, A PAISAGEM DO PANTANAL GANHA TONS DE ROSA, ROXO E LILÁS. ISSO OCORRE GRAÇAS À FLORAÇÃO DAS PIÚVAS, ESPÉCIES DE IPÊS. [...]

DESCUBRA FATOS CURIOSOS SOBRE A FLORA DO PANTANAL. IN: **ADVENTURE CLUB**. SÃO PAULO, ABR. 2013. DISPONÍVEL EM: WWW.ADVENTURECLUB.COM.BR/BLOG/CURIOSIDADES/DESCUBRA-FATOS-CURIOSOS-SOBRE-A-FLORA-DO-PANTANAL. ACESSO EM: 22 ABR. 2020.

ILUSTRAÇÕES: LUIZ LENTINI

PIÚVA ROSA   PIÚVA ROXA   PIÚVA LILÁS

▼ Você já viu uma piúva de perto?
Leia o texto com o professor, observe as ilustrações das piúvas que florescem no Pantanal e circule na legenda aquelas que aparecem na mesma quantidade.

▼ Você sabe até que altura uma piúva pode chegar?
Pesquise e compartilhe com os colegas o que você descobriu.

MUDANÇAS NO PANTANAL

★ 2021 ★

JANEIRO
DOM	SEG	TER	QUA	QUI	SEX	SAB
					1	2
3	4	5	6	7	8	9
10	11	12	13	14	15	16
17	18	19	20	21	22	23
24	25	26	27	28	29	30
31						

DOM	SEG	TER	QUA	QUI	SEX	SAB
	1	2	3	4	5	6
7	8	9	10	11	12	13
14	15	16	17	18	19	20
21	22	23	24	25	26	27
28						

DOM	SEG	TER	QUA	QUI	SEX	SAB
	1	2	3	4	5	6
7	8	9	10	11	12	13
14	15	16	17	18	19	20
21	22	23	24	25	26	27
28	29	30	31			

DOM	SEG	TER	QUA	QUI	SEX	SAB
				1	2	3
4	5	6	7	8	9	10
11	12	13	14	15	16	17
18	19	20	21	22	23	24
25	26	27	28	29	30	

DOM	SEG	TER	QUA	QUI	SEX	SAB
						1
2	3	4	5	6	7	8
9	10	11	12	13	14	15
16	17	18	19	20	21	22
23	24	25	26	27	28	29
30	31					

DOM	SEG	TER	QUA	QUI	SEX	SAB
		1	2	3	4	5
6	7	8	9	10	11	12
13	14	15	16	17	18	19
20	21	22	23	24	25	26
27	28	29	30			

DOM	SEG	TER	QUA	QUI	SEX	SAB
				1	2	3
4	5	6	7	8	9	10
11	12	13	14	15	16	17
18	19	20	21	22	23	24
25	26	27	28	29	30	31

DOM	SEG	TER	QUA	QUI	SEX	SAB
1	2	3	4	5	6	7
8	9	10	11	12	13	14
15	16	17	18	19	20	21
22	23	24	25	26	27	28
29	30	31				

DOM	SEG	TER	QUA	QUI	SEX	SAB
			1	2	3	4
5	6	7	8	9	10	11
12	13	14	15	16	17	18
19	20	21	22	23	24	25
26	27	28	29	30		

DOM	SEG	TER	QUA	QUI	SEX	SAB
					1	2
3	4	5	6	7	8	9
10	11	12	13	14	15	16
17	18	19	20	21	22	23
24	25	26	27	28	29	30
31						

DOM	SEG	TER	QUA	QUI	SEX	SAB
	1	2	3	4	5	6
7	8	9	10	11	12	13
14	15	16	17	18	19	20
21	22	23	24	25	26	27
28	29	30				

DEZEMBRO
DOM	SEG	TER	QUA	QUI	SEX	SAB
			1	2	3	4
5	6	7	8	9	10	11
12	13	14	15	16	17	18
19	20	21	22	23	24	25
26	27	28	29	30	31	

LUIZ LENTINI

Escreva o nome dos meses que faltam para completar o calendário.
▼ Em quais meses a paisagem do Pantanal ganha novos tons?

Leia novamente o texto da página 145 e pinte o nome dos meses citados nele. Depois, conte em quantos dias do ano o Pantanal fica com a paisagem dessa forma e registre o total no quadrinho.

▶ VAI ABRAÇAR?

[...] A ÁRVORE MAIS LARGA DO MUNDO É O CIPRESTE MEXICANO, QUE PODE CHEGAR A MAIS DE 35 METROS DE "CINTURA". [...]

DÉCIO. DESCUBRA 50 CURIOSIDADES INACREDITÁVEIS SOBRE AS PLANTAS. IN: **SABEDORIA & CIA**. [S. L.], 3 MAIO 2018. DISPONÍVEL EM: WWW.SABEDORIAECIA. COM.BR/PLANTAS/DESCUBRA-50-CURIOSIDADES-INACREDITAVEIS-SOBRE-AS-PLANTAS. ACESSO EM: 23 ABR. 2020.

▼ Você já conhecia a árvore de caule **mais largo** do mundo?
▼ Observando a imagem, quantas pessoas você acha que são necessárias para abraçar essa árvore?
Desenhe uma árvore com caule **estreito**.

▶ QUANTO ABACAXI!

> [...] O PÉ DE ABACAXI É DA FAMÍLIA DAS BROMÉLIAS E CADA GOMOZINHO É UMA FRUTA SEPARADA QUE SE JUNTOU ÀS DEMAIS. ALIÁS, O ABACAXI É NATURAL DO CONTINENTE AMERICANO E O TERMO ABACAXI VEM DO TUPI "IBACATI" E SIGNIFICA "FRUTO FEDORENTO". [...]
>
> DÉCIO. DESCUBRA 50 CURIOSIDADES INACREDITÁVEIS SOBRE AS PLANTAS. IN: **SABEDORIA & CIA**. [S. L.], 30 MAIO 2018. DISPONÍVEL EM: WWW.SABEDORIAECIA.COM.BR/PLANTAS/DESCUBRA-50-CURIOSIDADES-INACREDITAVEIS-SOBRE-AS-PLANTAS. ACESSO EM: 23 ABR. 2020.

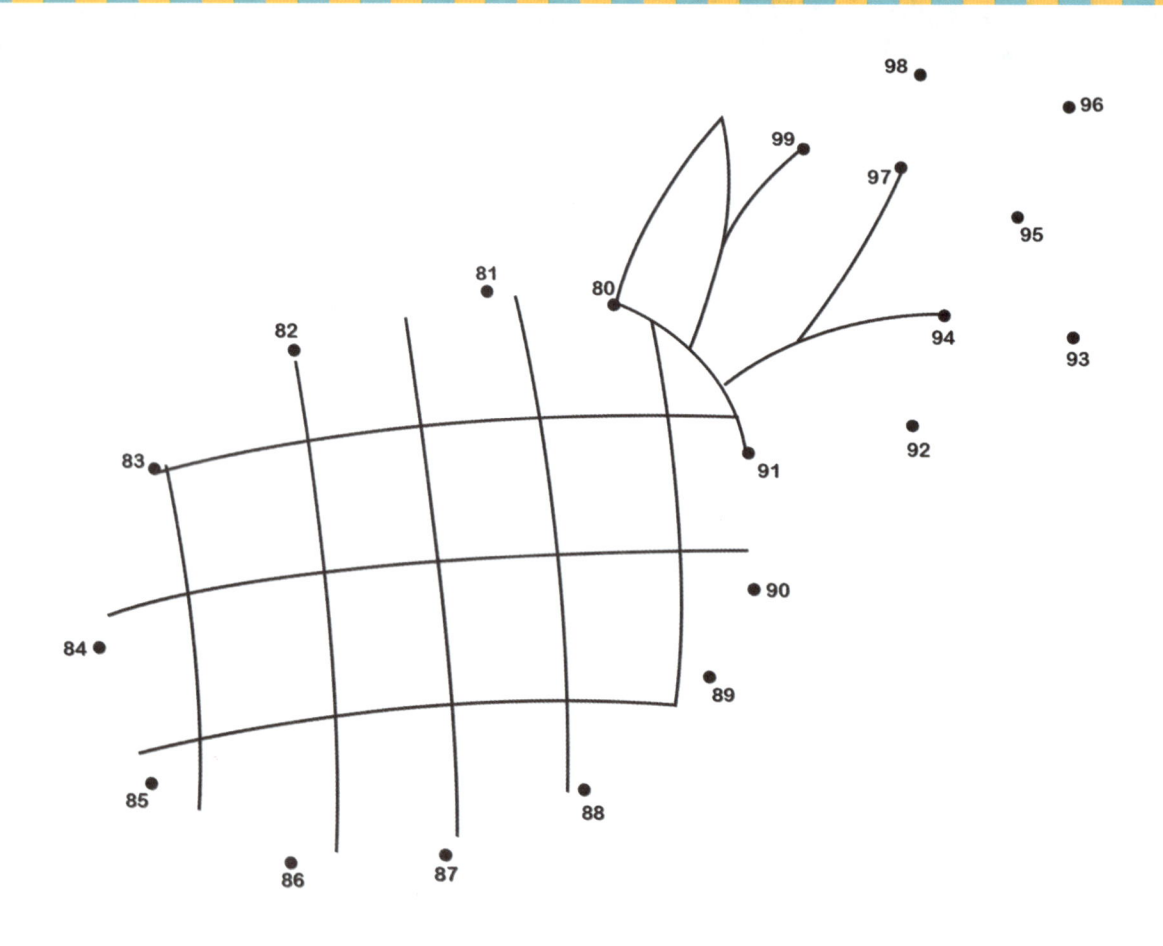

LUIZ LENTINI

▼ Você gosta de comer abacaxi?

Ouça a curiosidade sobre essa fruta que o professor lerá e, depois, ligue os pontos para desenhá-la. Por fim, pinte o abacaxi.

TAREFA PARA CASA 12

FLORES COMESTÍVEIS

[...] ALGUMAS ESPÉCIES QUE CAEM BEM NO PRATO (E NO ESTÔMAGO): AMOR-PERFEITO, BEGÔNIA, ROSA, JASMINS, LAVANDA, PETÚNIAS, CRAVOS E DENTE-DE-LEÃO. [...]

FLORAWEB. CURIOSIDADES SOBRE AS FLORES. IN: **FLORES & FLORES**. [S. L.], 10 NOV. 2011. DISPONÍVEL EM: WWW.FLORESEFLORES.COM.BR/INDEX.PHP/DICAS-E-CURIOSIDADES/CURIOSIDADES-SOBRE-AS-FLORES. ACESSO EM: 23 ABR. 2020.

1. EM UM CANTEIRO HAVIA **18** CRAVOS, MAS **4** MORRERAM.
   - QUANTOS CRAVOS FICARAM NO CANTEIRO?

   _____ − _____ = _____

2. SEU JOÃO PLANTOU UM CANTEIRO COM **9** ROSAS E **8** BEGÔNIAS.
   - QUANTAS FLORES AO TODO ELE PLANTOU?

   _____ + _____ = _____

Leia o texto com o professor.
▼ Você conhece as flores comestíveis citadas no texto? Resolva as situações-problema e registre os números.

UM CANTEIRO MULTICOLORIDO

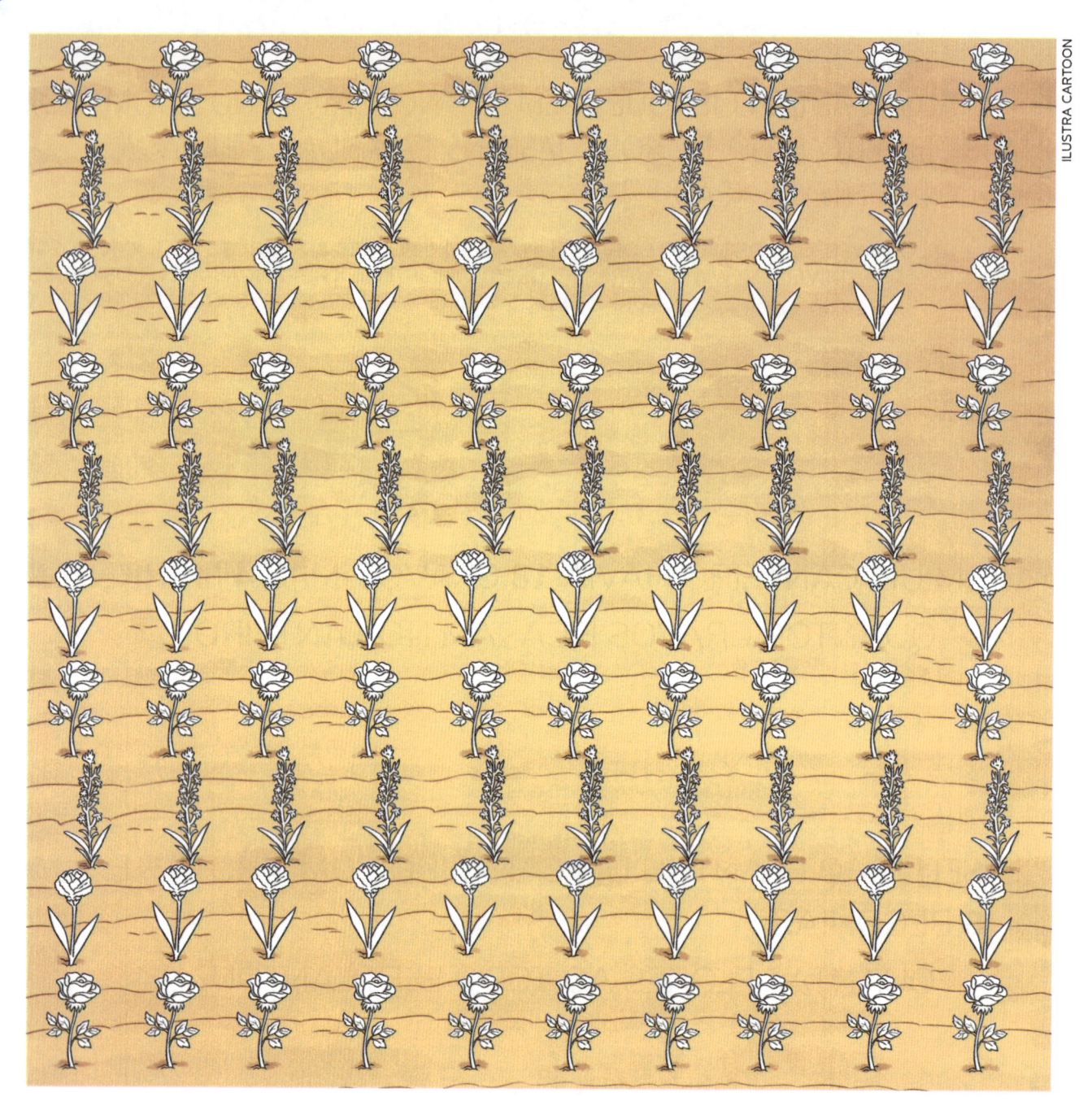

10 DEZENAS – 100 UNIDADES

▼ Você já viu uma plantação de flores?

As flores são plantadas em fileiras. Pinte as fileiras de flores para formar sequências de cores. Depois, agrupe as flores de **10** em **10**.

▼ Quantas sequências você pintou?

▼ Quantos grupos de **10** você formou?

UMA FLOR PARA CADA MÊS

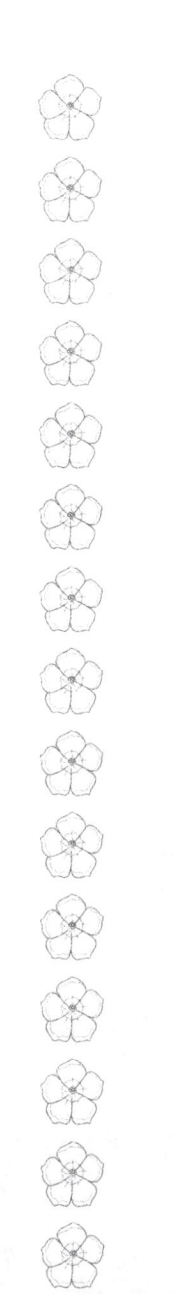

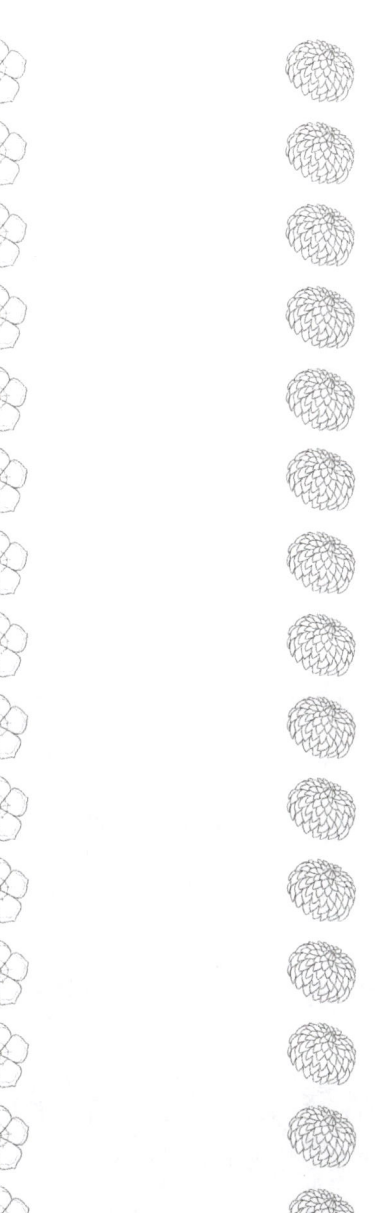

JANEIRO	FEVEREIRO	MAIO	DEZEMBRO
12 PETÚNIAS	**7** BEIJINHOS	**15** DÁLIAS	**10** PRÍMULAS

▼ Você sabia que algumas flores florescem apenas em determinados meses do ano?

Observe o gráfico e pinte a quantidade das flores que floresceram em cada mês.

Depois, de acordo com o gráfico, circule o mês em que **mais** flores floresceram e marque um **X** no mês em que **menos** flores floresceram.

FLORES DO MÊS DE ABRIL

▼ Você sabia que há espécies de flores que são próprias para serem plantadas no mês de abril?

Observe o canteiro com **10** tipos de flores plantadas e complete a sequência com os números que faltam. Depois, marque com **X** a flor de número **93**, circule a flor de número **96** e risque a flor de número **99**.

▼ Quantas flores há no canteiro?

TAREFA PARA CASA 1

▶ **VAMOS JUNTAR E CONTAR!**

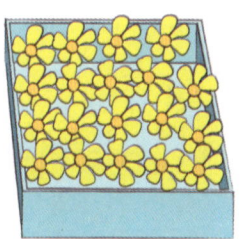

▼ Quantas unidades faltam para formar **2 dezenas**?
 Observe as caixas de flores **amarelas** e **vermelhas** e ligue cada caixa de flor **amarela** à caixa de flor **vermelha** correspondente para juntar **20** flores ao todo.

TAREFA PARA CASA 2

▶ MESMA QUANTIDADE

ROSAS VERMELHAS

ROSAS AMARELAS

ROSAS ALARANJADAS

ROSAS VERMELHAS					
ROSAS AMARELAS					
ROSAS ALARANJADAS					

_____

Em cada grupo de rosas, conte e pinte **12** unidades de acordo com as cores indicadas.

▼ Quantas unidades de rosas não foram pintadas em cada grupo? Pinte um quadrinho para cada unidade de rosa que não foi pintada.

▼ Quantas unidades de rosas não foram pintadas ao todo? Escreva o número na linha.

TAREFA PARA CASA 3

MUITOS ALIMENTOS

▼ Que alimentos sua família costuma consumir em casa?

Recorte de panfletos de supermercado a figura de **2 dezenas** de alimentos e cole-as nesta página. Depois, desenhe mais **10** unidades de alimentos.

Por fim, numere todos os alimentos.

TAREFA PARA CASA 4

AS COMPRAS DE MINHA CASA

▼ Você sabe o que pode ser comprado por **quilo**?

Com a ajuda de um adulto que mora com você, pesquise o que foi comprado por **quilo** na sua casa, desenhe acima **3** desses produtos e escreva o nome deles da maneira que souber.

TAREFA PARA CASA 5

▶ USANDO DINHEIRO

▼ Você já usou dinheiro para pagar uma compra?
▼ Se sim, o que você comprou e quanto custou?

Recorte de revistas, jornais ou panfletos de lojas e supermercados **3** produtos com preços diferentes e cole-os nesta página. Depois, com a ajuda de um adulto que mora com você, desenhe o dinheiro necessário para comprar um dos produtos que você colou.

TAREFA PARA CASA 6

DELÍCIAS E GOSTOSURAS DA MINHA CASA

Pesquise, com uma pessoa que mora com você, uma receita que precise de ovos para ser feita e copie-a no espaço acima.
- Quantos ovos são pedidos nessa receita?
- Qual dos ingredientes é usado em **maior** quantidade?
- Do que é a receita que você escolheu?

Compartilhe sua receita com os colegas e o professor e diga a eles as quantidades de ingredientes que você descobriu.

TAREFA PARA CASA 7

▶ A FORMA DOS OBJETOS DE CASA

Com a ajuda de um adulto que mora com você, desenhe **3** objetos encontrados na sua casa e desenhe também a forma geométrica plana ou o sólido geométrico que você identifica em cada objeto.

▼ Que objetos você desenhou?
▼ Que formas geométricas você identificou neles?

TAREFA PARA CASA 8

ORGANIZANDO OS GIBIS

HÉLIO SENATORE

▼ Você já viu a quantidade de gibis de uma gibiteca?
▼ Você sabe como eles são organizados?
  Observe os gibis ilustrados e pinte-os utilizando **3** cores diferentes para criar uma sequência de cores.
▼ Que cores você usou?

TAREFA PARA CASA 9

▶ TEM FILA NO PARQUE

▼ Em quais situações na escola você e os colegas formam filas?

Observe a fila de crianças para brincar nos carrinhos de bate-bate do parque. Cada carrinho só pode levar uma criança. Ligue cada criança a um carrinho e responda às perguntas a seguir oralmente.

▼ Há carrinhos para todas as crianças?

▼ Há a mesma quantidade de carrinhos e crianças?

TAREFA PARA CASA 10

QUAL É A ORDEM?

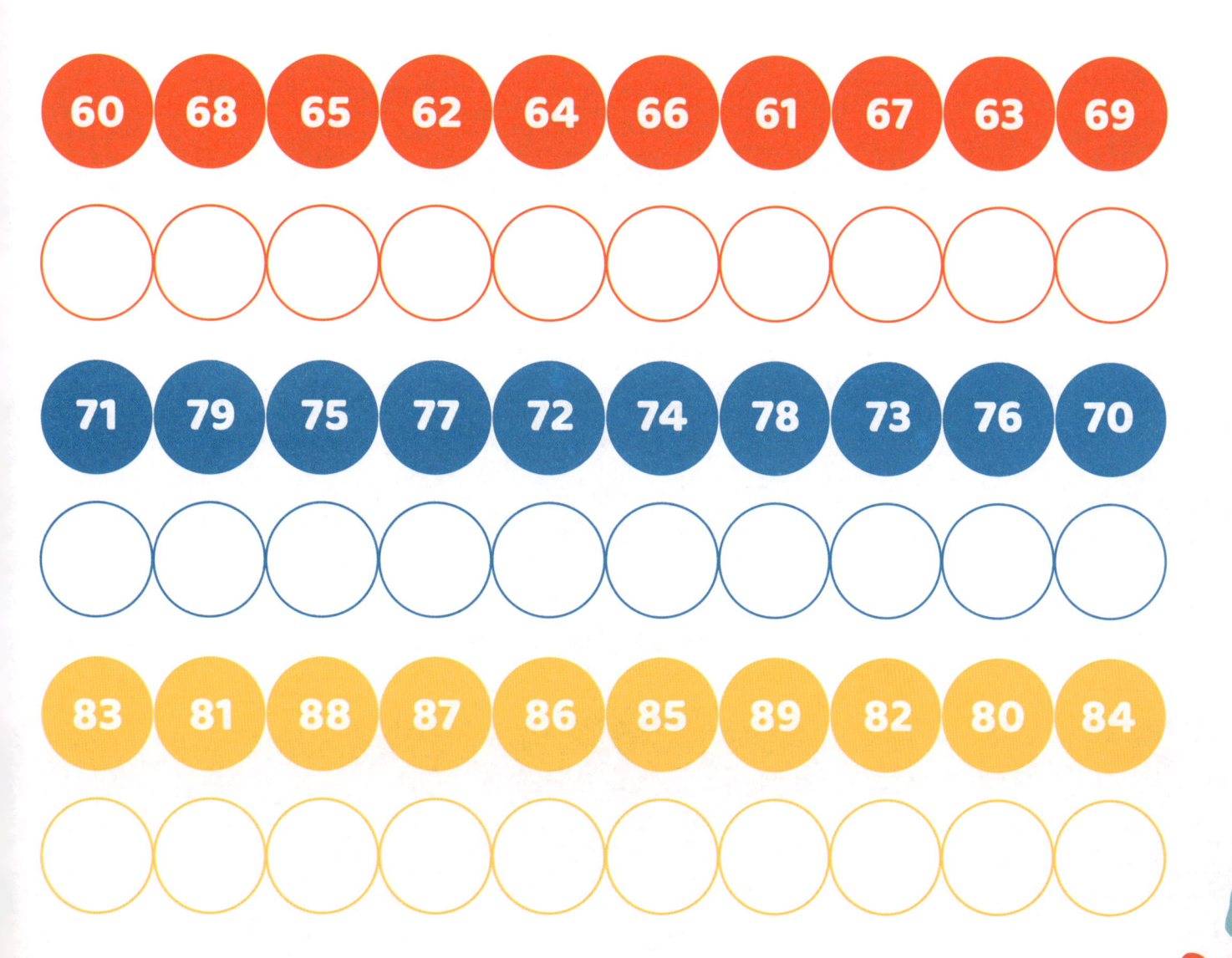

(60)(68)(65)(62)(64)(66)(61)(67)(63)(69)

◯ ◯ ◯ ◯ ◯ ◯ ◯ ◯ ◯ ◯

(71)(79)(75)(77)(72)(74)(78)(73)(76)(70)

◯ ◯ ◯ ◯ ◯ ◯ ◯ ◯ ◯ ◯

(83)(81)(88)(87)(86)(85)(89)(82)(80)(84)

◯ ◯ ◯ ◯ ◯ ◯ ◯ ◯ ◯ ◯

As bolinhas da piscina estão numeradas. Observe os números escritos em cada sequência e escreva-os na **ordem crescente**. Depois, pinte as bolinhas.

▼ Você sabe quanto custa o ingresso para brincar em uma piscina de bolinhas?

Pesquise com um adulto que mora com você e anote em uma folha à parte para compartilhar com os colegas.

TAREFA PARA CASA 11

▶ EM BUSCA DE ABRIGO

▼ Você descobriu quantas espécies habitam um recife de coral?
Ajude o peixe-palhaço a se abrigar no recife de coral pintando o caminho em que aparecem os números de **90** a **99**.

▼ Que números você encontrou?
Escreva a sequência de números no quadro, organizando-os do **menor** para o **maior**.

TAREFA PARA CASA 12

▶ OLHA O ABACAXI!

DOMINGO:	🍍🍍🍍🍍🍍🍍🍍	
SEGUNDA--FEIRA:	🍍🍍🍍🍍🍍🍍	
TERÇA--FEIRA:	🍍🍍🍍🍍🍍🍍🍍🍍🍍	
QUARTA--FEIRA:	🍍🍍🍍🍍🍍🍍🍍🍍🍍🍍🍍🍍	
QUINTA--FEIRA:	🍍🍍🍍	
SEXTA--FEIRA:	🍍🍍🍍🍍🍍🍍🍍🍍🍍🍍	
SÁBADO:	🍍🍍🍍🍍🍍🍍🍍🍍🍍🍍🍍	

HÉLIO SENATORE

No mercado municipal, um comerciante vendeu abacaxis durante a semana e registrou as vendas em uma tabela.

Observe a tabela e registre as quantidades vendidas em cada dia da semana.

▼ Em que dia da semana foram vendidos **mais** abacaxis e quantos foram vendidos?

▼ Em que dia da semana foram vendidos **menos** abacaxis e quantos foram vendidos?

▶ **ENCARTES DE ADESIVO**

PÁGINAS 6 E 7

PÁGINA 65

ILUSTRAÇÕES: ALEXANDRE MATTOS

LUIZ LENTINI

177

PÁGINAS 32 E 33

PÁGINA 67

PÁGINAS 58 E 59

PÁGINAS 106 E 107

ILUSTRAÇÕES: ALEXANDRE MATTOS

ENCARTES DE PICOTE

PÁGINA 35

ILUSTRAÇÕES: HÉLIO SENATORE

PÁGINA 91

ILUSTRAÇÕES: ILUSTRA CARTOON

PÁGINA 77

BANCO CENTRAL DO BRASIL

PÁGINA 77

BANCO CENTRAL DO BRASIL

PÁGINA 103

PÁGINA 133

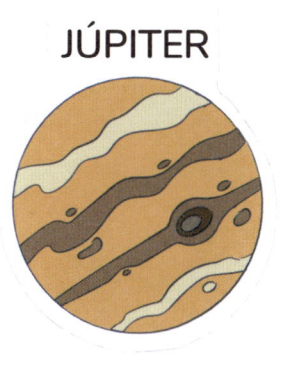

MERCÚRIO

VÊNUS

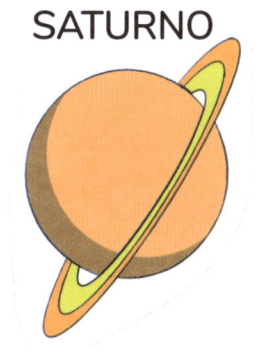

TERRA

MARTE

JÚPITER

URANO

SATURNO

NETUNO

Mitanga

EM FAMÍLIA

3
EDUCAÇÃO INFANTIL

Editora do Brasil

APRESENTAÇÃO

> É preciso uma aldeia para se educar uma criança.
>
> Provérbio africano.

A educação de uma criança é um processo que envolve a família, a escola e toda a sociedade. Trata-se de uma responsabilidade compartilhada por todos nós.

Sabemos que na primeira infância, período que vai do nascimento até os 6 anos de idade, é construído o alicerce para a vida adulta.

Aos pais e demais cuidadores da criança, impõe-se a difícil tarefa de fazer escolhas ao longo desse processo de desenvolvimento, as quais precisam estar permeadas de responsabilidade, amor, criatividade e uma pitada de bom humor.

Buscando fortalecer a parceria entre escola e família, a Coleção Mitanga oferece o *Mitanga em família*, um caderno lúdico e, ao mesmo tempo, informativo, que busca disponibilizar aos pais e demais familiares uma aproximação de temas interessantes e atuais que estão ligados à primeira infância.

Além de textos e atividades para desenvolver com a criança, o material contém sugestões de livros, documentários, filmes e músicas. Também estão reservados, para cada tema abordado, espaços para escrever relatos, colar fotos, desenhar e pintar.

Este material é, portanto, uma obra inacabada e um convite para que os responsáveis pela criança interajam com o assunto e ajudem a construir uma agradável lembrança desta fase tão importante da vida humana.

Acompanhar o processo de desenvolvimento de uma criança é uma tarefa muito empolgante para todos que estão a seu redor. Cada criança é um ser humano único, com sua forma particular de ser e de compreender o mundo social em que vive. Esperamos que as informações e sugestões apresentadas nesta publicação sejam um instrumento de reflexão que contribua para o fortalecimento do vínculo entre pais e filhos, enriquecendo o trabalho desenvolvido no ambiente escolar.

SUMÁRIO

1. A Base Nacional Comum Curricular .... **5** e **6**

2. O desenvolvimento da criança .... **7** a **10**

3. A importância do brincar .... **11** a **14**

4. Pequenos cientistas .... **15** a **18**

5. Um dia diferente .... **19** a **22**

6. Alfabetização e letramento .... **23** a **26**

7. Educação financeira
e sustentabilidade .... **27** a **30**

Reflexão final **31**

Mensagem final dos pais **32**

1 BASE NACIONAL COMUM CURRICULAR

▶ **Afinal, o que é a BNCC?**

É um documento que define as aprendizagens essenciais que todos os alunos devem desenvolver ao longo das etapas e modalidades da Educação Básica, de modo que tenham assegurados seus direitos de aprendizagem e desenvolvimento, em conformidade com o que preceitua o Plano Nacional de Educação (PNE). Com a homologação desse documento, o Brasil inicia uma nova era na educação e se alinha aos melhores e mais qualificados sistemas educacionais do mundo.

A BNCC foca no desenvolvimento de **competências**, por meio da indicação clara do que os alunos devem "saber" e, sobretudo, do que devem "saber fazer" para resolver as demandas complexas da vida cotidiana, do pleno exercício da cidadania e do mundo do trabalho. Além disso, explicita seu compromisso com a **educação integral**, que visa construir processos educativos que promovam aprendizagens alinhadas às necessidades, possibilidades e interesses dos estudantes, bem como aos desafios da sociedade atual.

> No novo cenário mundial, reconhecer-se em seu contexto histórico e cultural, comunicar-se, ser criativo, analítico-crítico, participativo, aberto ao novo, colaborativo, resiliente, produtivo e responsável requer muito mais do que o acúmulo de informações. Requer o desenvolvimento de competências para **aprender a aprender**, saber lidar com a informação cada vez mais disponível, atuar com discernimento e responsabilidade nos contextos das culturas digitais, aplicar conhecimentos para resolver problemas, ter autonomia para tomar decisões, ser proativo para identificar os dados de uma situação e buscar soluções, conviver e aprender com as diferenças e as diversidades.
>
> BRASIL. Ministério da Educação. *Base Nacional Comum Curricular*. Brasília, DF: Ministério da Educação, 2018. p. 14.

Quais são os 6 direitos de aprendizagem e desenvolvimento?

EDUCAÇÃO INFANTIL

Conviver   Brincar   Participar   Explorar   Expressar   Conhecer-se

PRINCIPAIS APRENDIZAGENS PARA A EDUCAÇÃO INFANTIL

Campo: O eu, o outro e o nós
- Respeitar e expressar sentimentos e emoções.
- Atuar em grupo e demonstrar interesse em construir novas relações, respeitando a diversidade e solidarizando-se com os outros.
- Conhecer e respeitar regras de convívio social, manifestando respeito pelo outro.

Campo: Corpo, gestos e movimentos
- Reconhecer a importância de ações e situações do cotidiano que contribuem para o cuidado de sua saúde e a manutenção de ambientes saudáveis.
- Apresentar autonomia nas práticas de higiene, alimentação, vestir-se e no cuidado com seu bem-estar, valorizando o próprio corpo.
- Utilizar o corpo intencionalmente (com criatividade, controle e adequação) como instrumento de interação com o outro e com o meio.
- Coordenar suas habilidades manuais.

Campo: Traços, sons, cores e formas
- Discriminar os diferentes tipos de sons e ritmos e interagir com a música, percebendo-a como forma de expressão individual e coletiva.
- Expressar-se por meio das artes visuais, utilizando diferentes materiais.
- Relacionar-se com o outro empregando gestos, palavras, brincadeiras, jogos, imitações, observações e expressão corporal.

Campo: Espaços, tempos, quantidades, relações e transformações
- Identificar, nomear adequadamente e comparar as propriedades dos objetos, estabelecendo relações entre eles.
- Interagir com o meio ambiente e com fenômenos naturais ou artificiais, demonstrando curiosidade e cuidado com relação a eles.
- Utilizar vocabulário relativo às noções de grandeza (maior, menor, igual etc.), espaço (dentro e fora) e medidas (comprido, curto, grosso, fino) como meio de comunicação de suas experiências.
- Utilizar unidades de medida (dia e noite; dias, semanas, meses e ano) e noções de tempo (presente, passado e futuro; antes, agora e depois) para responder a necessidades e questões do cotidiano.
- Identificar e registrar quantidades por meio de diferentes formas de representação (contagens, desenhos, símbolos, escrita de números, organização de gráficos básicos etc.).

Campo: Escuta, fala, pensamento e imaginação
- Expressar ideias, desejos e sentimentos em distintas situações de interação, por diferentes meios.
- Argumentar e relatar fatos oralmente, em sequência temporal e causal, organizando e adequando sua fala ao contexto em que é produzida.
- Ouvir, compreender, contar, recontar e criar narrativas.
- Conhecer diferentes gêneros e portadores textuais, demonstrando compreensão da função social da escrita e reconhecendo a leitura como fonte de prazer e informação.

BRASIL. Ministério da Educação. Base Nacional Comum Curricular. Brasília, DF: Ministério da Educação, 2018. p. 52-53.

2 O DESENVOLVIMENTO DA CRIANÇA

Mais um ano se passou e seu pequeno está cada dia mais crescido. A passagem do tempo, pouco a pouco, está deixando de ser um mistério para ele, que começa a entender o que é ontem, hoje e amanhã.

Seu desenvolvimento continua dando sinais de progresso constante. Com sua independência e controle emocional, acaba por entender e aceitar os comandos dos pais, diminuindo bastante a ocorrência de "birras". As crianças são falantes, curiosas e muito imaginativas.

Estimular o diálogo e criar momentos para que seu filho compartilhe com você suas vivências é muito importante. Isso permitirá que ele se sinta acolhido e motivado para contar algo todas as vezes que sentir vontade.

A fase da alfabetização e letramento também começa nesse período. É importante que os pais não fiquem ansiosos pelo momento em que seus filhos começarão a ler e escrever; essa etapa ocorrerá de forma gradual. Desse modo, salientamos aos pais que não os comparem a outras crianças, respeitem os limites individuais de cada um, valorizem as conquistas, encorajem seus filhos a fazer novas descobertas, estimulem a curiosidade (que é fértil nessa fase), valorizem o modo pelo qual eles pensam e compreendem o mundo, respeitem o tempo da criança para brincar, aprender, descobrir e se desenvolver de forma integral.

Crianças de 5 a 6 anos

Desenvolvimento esperado

- Falar fluentemente, utilizando corretamente os tempos verbais, pronomes e o plural.
- Ter capacidade de memorizar histórias, repeti-las e recontá-las a seu modo.
- Compreender conceitos de tempo como **ontem**, **amanhã**, **antes** e **depois**, além dos dias da semana.
- Aumentar a capacidade de esperar por sua vez.
- Ser capaz de conviver com seus pares.
- Ser solidário.
- Ter mais autonomia em suas atividades diárias.
- Praticar esportes coletivos, que contribuem para o processo de socialização.
- Aumentar, gradativamente, as responsabilidades com seus cuidados pessoais.
- Auxiliar em tarefas de casa simples, quando requisitado.
- Participar de brincadeiras criativas individual ou coletivamente.
- Praticar atividades orais, como relatos, em que ela possa contar como foi seu dia, suas férias etc.
- Desenvolver o ato de ouvir com atenção e interesse a fala de colegas e adultos.
- Vivenciar passeios, excursões e viagens (com a família ou com a escola) retirando delas vivências significativas de aprendizagem.

Tempo livre e silêncio: o poder do ócio na vida das crianças

A importância de saber não fazer nada em uma sociedade que cada vez mais exige que façamos tudo. O tempo todo.

[...]

"Quando nada acontece, há um milagre que não estamos vendo".

Guimarães Rosa diz isso no livro *Grande Sertão: Veredas*, e faz pensar sobre o valor do 'nada' como elemento de contemplação e entendimento do mundo.

Assim como os adultos, as crianças também recebem cada vez mais estímulos e informações a todo momento; com isso, elas ficam expostas a situações em que devem desempenhar algum papel. Ao contrário, os momentos livres de qualquer aprendizado ou finalidade são cada vez mais raros.

Ao apresentar aos pequenos mais opções de atividades do que elas podem absorver, acabamos privando sua liberdade de ser [...]. Mais do que encher os pequenos de mais estímulos e informações além dos que eles já recebem do mundo, por que não oferecer momentos de silêncio, experiências afetivas, memórias?

Brincar × Consumir

Dissociar a brincadeira do consumo é mais difícil do que parece; em um sistema capitalista, o conceito de experiência está diretamente ligado ao ato de consumir.

Para Gabriela Romeu, jornalista, pesquisadora e idealizadora do projeto "Infâncias", mais do que tentar ignorar essa realidade com a qual a criança terá contato mais cedo ou mais tarde, o importante é atribuir valores ao que consumimos para que aquilo se torne uma experiência.

"Vivemos em uma sociedade de consumo, e consumir não é errado, desde que ele seja significado. A nossa sociedade acredita que a criança precisa do brinquedo pronto, e existe toda uma indústria em torno disso. Na verdade, o que ela precisa é de tempo e espaço: o resto ela inventa", explica.

Para Gabriela, o consumo tira a possibilidade de a criança vivenciar a infância, já que esvazia experiências de descobertas que ela só teria caso fosse exposta a momentos de brincadeira livre, espaço e tempo de explorar o mundo, seu corpo e suas sensações por si própria.

Como ter mais tempo quando ninguém tem tempo?

O acesso ao tempo é uma discussão fundamental nessa conversa. A realidade de muitas famílias, que trabalham o dia todo para garantir o sustento dos filhos, nem sempre permite que esse 'tempo e espaço' possa ser colocado em prática.

Da mesma forma, nos ambientes de ensino, a lógica do desempenho e do aprender escolarizado não proporciona esses 'espaços em branco' de que estamos falando, tão necessários para a criança ser em liberdade.

O caminho para isso é "conquistar" o tempo, mesmo que seja um pouco por dia: pode ser um olho no olho entre pai e filho antes de dormir, um passeio ao ar livre sem rumo certo, deitar na grama, aproveitar a companhia um do outro em silêncio. [...]

Como poupar as crianças dos males do nosso tempo?

Para a professora italiana Chiara Spaggiari, o caminho é mais simples do que parece: o mínimo de interferência dos adultos para o máximo de liberdade de ser criança. "A criança precisa ser deixada livre para observar, escolher, se aproximar e se afastar, e experimentar o mundo de diversos modos".

[...].

PENZANI, Renata. Tempo livre [...]. *Lunetas*, São Paulo, 21 out. 2016. Disponível em: https://lunetas.com.br/tempo-livre-e-silencio-o-poder-do-ocio-na-vida-das-criancas/. Acesso em: 22 abr. 2020.

PROPOSTAS DE ATIVIDADES

Comecei o ano assim...

Cole abaixo uma fotografia atual de seu filho.

Nikolaeva/Shutterstock.com

O que já sei fazer sozinho?

Escreva abaixo algumas conquistas recentes de seu filho.

3 A IMPORTÂNCIA DO BRINCAR

Brincar é essencial para o desenvolvimento da criança; contudo, atualmente, as crianças estão brincando cada vez menos. Os fatores que levam a isso são diversos: excesso de atividades extracurriculares, confinamento em pequenos espaços, avanço da tecnologia, violência nas ruas etc.

É importante criar momentos no dia a dia da criança em que ela tenha espaço e tempo para brincar livremente e explorar o ambiente.

Outra questão importante que vale a reflexão dos pais é a associação do brincar com a compra de brinquedos. Para brincar, a criança não precisa de brinquedos caros e muito estruturados; pelo contrário, quanto mais simples o ambiente e os objetos disponíveis para o brincar, mais a criança utiliza sua imaginação e criatividade e inventa brincadeiras.

Para ler e se inspirar

Detone este livro com seu filho, de Marcos Mion (Fontanar, 2019).
Deixe o celular e as preocupações de lado e dê o melhor presente para seus filhos: tempo de qualidade para passarem juntos. O autor *best-seller* Marcos Mion lança um desafio para todos os pais: passar mais tempo de qualidade com os filhos apenas brincando e curtindo. Para ajudar na tarefa, ele reuniu 46 atividades lúdicas e 20 adivinhas que vão levar pais e filhos a se divertirem com corridas, *origamis*, desenhos, cartas e jogos, tudo regado com muito *ketchup*.

Entenda os riscos e saiba como evitar o sedentarismo infantil

Crianças que não praticam atividades físicas podem tornar-se adultos com problemas de saúde. Para prevenir, pais devem orientar hábitos dos filhos.

O sedentarismo infantil costuma ser a causa de sérios danos à saúde, que podem se refletir na vida adulta. Os dados sobre obesidade infantil são alarmantes. Um estudo apresentado no 5º Congresso Internacional de Atividade Física e Saúde Pública, em 2015, mostrou que, em média, 39% das crianças estão acima do peso no mundo inteiro. Um alerta para os pais e familiares. [...]

Dicas de como prevenir o sedentarismo infantil

1. **Seja o exemplo.** Faça de seus hábitos pessoais o exemplo que você quer que seus filhos sigam. As crianças vão entender aquilo como algo normal para a vida, não uma obrigação somente dele.
2. **Não brigue nem obrigue, apenas convença.** Não adianta tentar forçar a barra, pois poderá gerar uma aversão às atividades físicas na criança. Dialogue, converse, convença e divirta-se com seus filhos.
3. **Leve as crianças para passear ao ar livre.** Faça com que elas sintam prazer em correr por espaços abertos e seguros como parques, por exemplo. Criança acostumada apenas a locais fechados (como os *shoppings*) tende a limitar sua forma de se movimentar.
4. **Crie um ambiente divertido.** Este é o objetivo de qualquer atividade na infância e deve reger também os programas feitos em família. O prazer destes momentos ficará gravado na memória emocional, e as atividades físicas serão sempre uma forma de revivê-los.
5. **Imponha limites.** Não deixe que os filhos definam o período pelo qual estarão diante da TV ou de outras tecnologias (*smartphones*, *tablets* etc.), pois os atrativos destes equipamentos são enormes e isso levará ao sedentarismo.
6. **Pense na possibilidade da iniciação esportiva.** Aulas de natação, escolinha de futebol ou qualquer outra atividade ligada a um esporte. Ainda que no futuro as crianças não venham a ser atletas de alto rendimento na disputa por troféus e medalhas, os ganhos para a saúde são inúmeros.

ENTENDA os riscos [...]. *A Revista da Mulher*, Paris, 13 fev. 2017. Disponível em: www.arevistadamulher.com.br/faq/27393-entenda-os-riscos-e-saiba-como-evitar-o-sedentarismo-infantil. Acesso em: 26 abr. 2020.

PROPOSTAS DE ATIVIDADES

Tempo juntos

Cozinhar juntos é uma das experiências mais significativas que pais e filhos podem viver. O preparo e degustação do alimento é uma excelente oportunidade de conexão com o outro e desenvolvimento de bons hábitos – daí a importância de aproveitar para reunir a família nesses momentos.

Propomos aqui que convidem as crianças para fazer pão. Aceitam o desafio?

Pão Mitanga em Família

Ingredientes:

- 400 g de farinha de trigo integral;
- 600 g de farinha de trigo branca;
- 40 g de fermento;
- 20 g de sal;
- 80 g de manteiga derretida;
- 550 ml de água;
- 1 pitada de açúcar.

Modo de fazer

1. O primeiro passo é dissolver o fermento em água morna com uma pitada de açúcar e outra de amor. Depois, misturar a farinha, o sal e o fermento. Por último, colocar a manteiga misturada com muito carinho.
2. Hora de colocar a mão na massa, literalmente! Sovem a massa por 10 a 15 minutos, amassando bem e observando a mágica acontecer com o uso de suas mãos.
3. Bom, agora vocês e a massa descansam por 20 minutos.
4. Em seguida, voltem a sovar a massa por mais 10 minutos ou até ela ficar bem lisinha.
5. Coloquem a massa em formas de pão untadas e polvilhadas com farinha de trigo e pó de gratidão.
6. Esperem a massa dobrar de tamanho. Isso leva mais ou menos 40 minutos; vai depender da temperatura ambiente. Nesse momento, aproveitem para desfrutar da arte da paciência e da contemplação. Uma opção é se distrair cantando, dançando, conversando e o que mais vocês tiverem vontade de fazer.
7. Por fim, façam talhos com uma faca na massa e levem ao forno quente (200°) por 45 a 60 minutos.
8. Quando o pão estiver pronto, convidem todos da família para sentir o cheirinho e saborear esse alimento preparado com tanto amor por vocês.

Bom apetite!

Como foi a produção do pão na sua casa? Escreva abaixo um texto ou poema com a ajuda de seu filho.

_____
_____
_____
_____
_____
_____

Agora, cole abaixo uma foto desse delicioso momento em família. Se preferir, façam um desenho juntos.

Natalia Smu/Shutterstock.com

4 PEQUENOS CIENTISTAS

Aos 5 anos, o mundo é um campo inesgotável de experiências a serem exploradas. As crianças anseiam ver, tatear, cheirar, sentir o gosto, ouvir o som de tudo que as rodeiam. Nessa idade, ainda têm sensibilidade aflorada e capacidade de se assombrar diante do banal. Tudo causa espanto ou encantamento: uma aranha, um formigueiro, uma concha de caramujo, uma flor desabrochando, o zunir das cigarras, o arco-íris, o corpo do colega, a Lua.

Pesquisas em neurociência apontam a importância de encorajar essa curiosidade natural da criança. Uma pergunta respondida de maneira inteligente e sensível por um adulto é o trampolim para o surgimento de novas perguntas e a condição para que a criança cultive o desejo pelo conhecimento. Cabe a nós, pais e educadores, cuidar para que essa chama não vá se apagando ao longo dos anos.

A criança é naturalmente um ser muito curioso, que está sempre buscando respostas para aquilo que observa e vivencia no dia a dia.

Para ler

Educar na curiosidade: a criança como protagonista da sua educação, de Catherine L'Ecuyer (Fons Sapientiae, 2016).

A autora oferece caminhos para que pais e professores saibam respeitar o desenvolvimento natural infantil, por meio do despertar da curiosidade, do instigar para o aprendizado.

Perguntas de criança

O projeto "Universidade das Crianças", da UFMG, tem por missão induzir a aproximação entre crianças e o universo científico de uma forma lúdica. São coletadas perguntas infantis que se transformam em textos e animações. Veja abaixo algumas dessas perguntas.

Passarinho chora? Se sim, como isso acontece?

O choro é uma maneira que temos de mostrar que tem algo errado conosco. A gente chora quando está triste, com alguma dor, muito alegre, emocionado, com muuuita raiva... e muitas dessas vezes o choro vem com muitas lágrimas.

Os pássaros, assim como nós, humanos, possuem as chamadas glândulas lacrimais. Essas glândulas é que produzem a lágrima. Só que a lágrima não serve apenas para molhar nossos olhos quando estamos chorando. Elas servem para proteger os olhos de qualquer coisa estranha que entre neles. A lágrima não tem apenas água, sal e açúcar como o soro caseiro. Ela tem anticorpos e outras substâncias para evitar que tenhamos infecções quando um vírus ou bactéria ou mesmo uma poeirinha chata entra nos nossos olhos. Nos passarinhos a lágrima também serve para proteção. Mas os cientistas acham que quando o passarinho está triste, ele não mostra sua tristeza com lágrimas. Na natureza, os animais conversam de maneiras diferentes uns com os outros. O canto dos pássaros pode parecer triste para nós, mas só mesmo sendo um passarinho para entender se ele está chorando ou não.

PASSARINHO chora? [...]. *Universidade das Crianças*, Belo Horizonte, [2017?]. Disponível em: www.universidadedascriancas.org/perguntas/passarinho-chora-se-sim-como-isso-acontece/. Acesso em: 26 abr. 2020.

Por que temos meleca no nariz?

[...] Nós temos meleca porque precisamos dela!

Ela serve como um filtro para o ar que respiramos, principalmente se você vive em uma cidade poluída, como Belo Horizonte. Na meleca ficam grudadas partículas de poeira e poluição, que podem causar alergias e outras doenças. Quando há uma infecção, seja por um vírus ou por uma bactéria, a produção de meleca aumenta para tentar eliminar esses invasores. Dessa forma, de vez em quando é preciso removê-la para que ela não atrapalhe a nossa respiração.

Então nada de comer meleca, hein? Ao fazer isso você estará levando para dentro do seu organismo bactérias, vírus e outros microrganismos, além de muita poeira!

[...] Agora sabemos que, apesar de um pouco nojenta, a meleca é muito importante para a nossa saúde, pois ela é um mecanismo que nosso corpo usa para se defender.

Interessante, não acharam?

POR que temos [...]. *Universidade das crianças*, Belo Horizonte, [2017?]. Disponível em: www.universidadedascriancas.org/perguntas/por-que-temos-meleca-no-nariz/. Acesso em: 26 abr. 2020.

Por que não posso ser herói?

[...] Quando pensamos em heróis, logo vêm a nossa cabeça aqueles personagens imaginários que possuem superpoderes como atravessar paredes, ler mentes, voar, visão raio X e superforça. Eles usam suas habilidades para lutar contra as ameaças e proteger as pessoas do perigo e, quando assistimos filmes ou lemos histórias sobre eles, dá muita vontade de sair por aí salvando o mundo, não é mesmo?

Mas será que ao invés de encararmos lutas pesadas contra vilões perigosos, existem outras maneiras de sermos heróis? Sim! Basta realizarmos ações simples que contribuem para o bem-estar de todos. Assim conseguiremos ser heróis de verdade!

E isso não é uma tarefa difícil, quer ver? Cooperar com os pais nas tarefas de casa; cuidar dos animais; economizar água; não jogar lixo no chão; cuidar dos nossos coleguinhas quando eles precisarem e respeitar todas as pessoas são atitudes que nos fazem ser heróis!

Além disso, existem aqueles outros heróis que não usam capas e não estão nos quadrinhos: são os nossos pais, professores e pessoas que cuidam da gente! São eles que nos ajudam, nos protegem e nos dão lições valiosas para toda a vida!

Sendo assim, existem várias maneiras de sermos heróis, basta deixar a bondade nos guiar! Então [...] você pode sim ser herói! E da vida real, o que é ainda mais legal.

POR que não [...]? *Universidade das Crianças*, Belo Horizonte, [2019?]. Disponível em: www.universidadedascriancas.org/perguntas/por-que-nao-posso-ser-heroi. Acesso em: 26 abr. 2020.

Para ler

Pequenas histórias para grandes curiosos, de Marie-Louise Gay (Brinque-Book, 2018).

O que você vê quando fecha os olhos? Você conhece alguém invisível? Sabe o que há na toca do coelho? E que os caracóis recebem visitas em suas conchas? Por que os gatos atacam poltronas? Esse livro nos leva a uma jornada de perguntas e descobertas que nascem da grande curiosidade dos pequenos leitores.

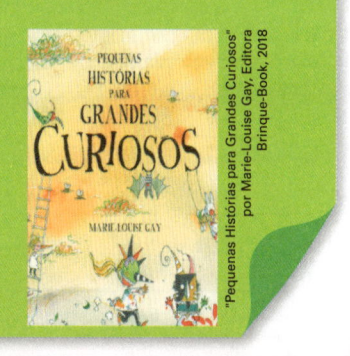

PROPOSTAS DE ATIVIDADES

Quais foram as perguntas mais "cabeludas" que seu filho já fez a vocês? Escrevam algumas delas abaixo.

___

Mulheres cientistas se destacaram ao longo de toda a história; porém, mesmo com invenções e descobertas que revolucionaram a maneira como vemos o mundo, elas compõem apenas 28% do cenário mundial da ciência, segundo dados da Unesco de 2018.

Jornal da USP (5/2/2020).

De que forma vocês acham que é possível, desde a infância, contribuir para que as crianças ocupem cargos de cientistas em nossa sociedade? Escrevam abaixo.

___

5 UM DIA DIFERENTE

A criança não aprende somente no ambiente escolar. Durante a primeira infância (período que vai do nascimento aos 6 anos), ela faz conexões cerebrais o tempo todo. Todos os estímulos sensoriais, motores e cognitivos contribuem para a realização dessas conexões.

Aprende-se o tempo todo e em todos os lugares; por isso, quanto mais vivências a criança tiver, maior as possibilidades de ampliar os aprendizados.

Passear ao ar livre, conhecer uma fazenda, andar de bicicleta, ir ao cinema, teatro, museus, bibliotecas... Opções não faltam!

A sugestão é que vocês planejem um dia diferente para toda a família – um dia para cultivar valores verdadeiros, cheio de intenção, presença, interações, brincadeiras, diversão, um dia para ficar nas boas lembranças do tempo de ser criança.

▶ Coisas legais para fazer nas férias com as crianças

Enfim as tão sonhadas férias chegaram e os pequenos estão superanimados para se divertir o quanto puderem! Entretanto, a família tem que arregaçar as mangas, soltar a criatividade e se virar nos trinta para entrar no clima da criançada que está cheia de energia. Pois é! Nem sempre férias significam descanso para quem tem criança pequena em casa. Além de, em muitos casos, as férias dos pais não coincidirem com as dos filhos. Por isso, para aqueles que conseguem uns dias de folga, surge o desafio de distrair junto durante o recesso. Mas calma… Se você não vai viajar e precisa urgentemente de ajuda para a diversão em casa, nós podemos ajudar. [...]

1. Visitar um amigo ou familiar querido

Que tal tirar uma tarde para visitar um amigo querido, a vovó, os tios ou a dinda? Assim, vocês podem tomar um café e matar a saudade. Afinal, nada mais gostoso do que passar o tempo com pessoas que amamos, não é?

2. Ir à biblioteca da cidade

Se vocês já têm o hábito de frequentar a biblioteca, basta escolher uma história bem legal para ler em casa com a família! Entretanto, caso nunca tenham visitado, é uma boa oportunidade para conhecer a biblioteca da cidade. Leitura nunca é demais!

3. Fazer uma sessão cinema

Vocês podem escolher os filmes favoritos do seu pequeno e fazer uma maratona de filmes! Então, é só preparar a pipoca e começar o cineminha! [...]

4. Desenhar e pintar

Hora de soltar a criatividade! Portanto, peguem lápis, papel, giz, tinta e tudo que tiverem em casa para brincar de artista.

[...]

5. Criar um brinquedo

Ainda na pegada "faça você mesmo", que tal fabricar um brinquedo com embalagens recicláveis? [...]

6. Fazer uma horta caseira

Essa é outra ideia superlegal! Além de passar um tempo com seu pequeno, fazer uma horta caseira traz muitos benefícios para ele e toda a família!

7. Cozinhar

Vocês podem escolher uma receita ou, até mesmo, fazer uma por dia! *Pizza*, bolo, sanduíches, panquecas! Assim, você vai descobrir que cozinhar com os pequenos pode ser um passatempo mais divertido do que você imagina! [...]

8. Dia da faxina

Ajudar nas tarefas domésticas é muito importante para o desenvolvimento do seu pequeno. Então, que tal unir o útil ao agradável e transformar o momento da faxina em pura diversão? Vale, também, colocar música e fazer brincadeiras enquanto deixam tudo bem limpinho!

9. Acampamento em casa

No quintal com barracas e lanternas, ou até mesmo na sala de casa com edredons e travesseiros. Com um pouco de imaginação, esse acampamento vai ser a maior aventura! [...]

10. Fazer um passeio ecológico

Além de divertido e saudável, vocês podem aproveitar para conhecer um lugar bem bonito da cidade, como parques e trilhas!

[...]

11. Começar uma coleção

Pode ser figurinhas, cartões, adesivos ou o que preferirem! Afinal, quem não adorava colecionar itens e objetos na infância?

12. Fazer um *tour* pela cidade

Vocês podem ir a lugares que nunca foram ou voltar aos seus lugares favoritos da cidade! Até o próprio trajeto já será divertido, seja de carro, a pé, bicicleta, metrô ou ônibus.

13. Fazer um desfile de modas

Que tal pegar as roupas do armário e fazer diferentes e divertidas combinações? Também pode ser muito engraçado!

14. Montar uma peça de teatro

Vocês podem criar uma história e interpretá-la de maneira divertida! Inclusive com direito a personagens, fantasias e cenários.

15. Contação de histórias

Outra ideia é pegar os livros favoritos do seu pequeno e fazer uma contação de histórias! Um pode contar a história para o outro! [...]

16. Fazer um *karaokê*

Cantar é sempre uma delícia! Por que não fazer um *karaokê* com as músicas preferidas?

17. Personalizar roupas

Que tal pegar aquelas roupas que estão esquecidas há algum tempo e customizá-las? Para isso vale pintar, cortar ou enfeitar com brilhos e fitas!

18. Piquenique

Vocês podem preparar lanchinhos gostosos e saudáveis e escolher um lugar bem bonito e agradável para fazer um piquenique. Também vale o quintal de casa!

19. Fazer artesanatos decorativos

Com um pouco de criatividade, vocês podem fazer enfeites para deixar os cômodos da casa com a cara da família também!

20. Pista de dança

Vocês vão ver como a sala de casa pode se tornar uma superpista de dança! Para isso, basta arrastar um pouco os móveis e colocar o som na caixa!

21. Fazer fantoches

Com meias, papel, caixas ou garrafas vocês podem fazer fantoches divertidos para brincar! [...]

22. Tirem fotos

Que tal uma sessão de fotos? Pode ser em casa ou durante algum passeio. Essa é uma ótima maneira de registrar as lembranças das férias.

23. Noite do pijama

Você pode convidar alguns amiguinhos ou os primos do seu pequeno para uma noite do pijama com muitas brincadeiras, filmes e jogos! [...]

OLIVEIRA, Ana Clara. 25 coisas legais para fazer nas férias com as crianças. *In*: OLIVEIRA, Ana Clara. *Blog da leiturinha*. [*S. l.*], 30 mar. 2020. Disponível em: https://leiturinha.com.br/blog/25-coisas-legais-para-fazer-nas-ferias-com-criancas/. Acesso em: 26 abr. 2020.

PROPOSTAS DE ATIVIDADES

Montem abaixo um registro de sua família em um dia diferente. Vale colar fotos ou desenhar!

6 ALFABETIZAÇÃO E LETRAMENTO

Sabemos que a aprendizagem é diferente para cada criança e o tempo para aquisição da leitura e da escrita não é o mesmo para todos; porém, normalmente o processo de alfabetização e letramento gera ansiedade nos pais. É muito comum a angústia se traduzir na seguinte pergunta: "Quando meu filho vai ler?". São preocupações compreensíveis neste mundo moderno, onde as crianças são alfabetizadas cada dia mais cedo.

Segundo a Base Nacional Comum Curricular:

> Na Educação Infantil, a imersão na cultura escrita deve partir do que as crianças conhecem e das curiosidades que deixam transparecer. As experiências com a literatura infantil, propostas pelo educador, mediador entre os textos e as crianças, contribuem para o desenvolvimento do gosto pela leitura, do estímulo à imaginação e da ampliação do conhecimento de mundo. Além disso, o contato com histórias, contos, fábulas, poemas, cordéis etc. propicia a familiaridade com livros, com diferentes gêneros literários, a diferenciação entre ilustrações e escrita, a aprendizagem da direção da escrita e as formas corretas de manipulação de livros. Nesse convívio com textos escritos, as crianças vão construindo hipóteses sobre a escrita que se revelam, inicialmente, em rabiscos e garatujas e, à medida que vão conhecendo letras, em escritas espontâneas, não convencionais, mas já indicativas da compreensão da escrita como sistema de representação da língua.
>
> BRASIL. Ministério da Educação. *Base Nacional Comum Curricular*. Brasília, DF: Ministério da Educação, 2017. p. 42.

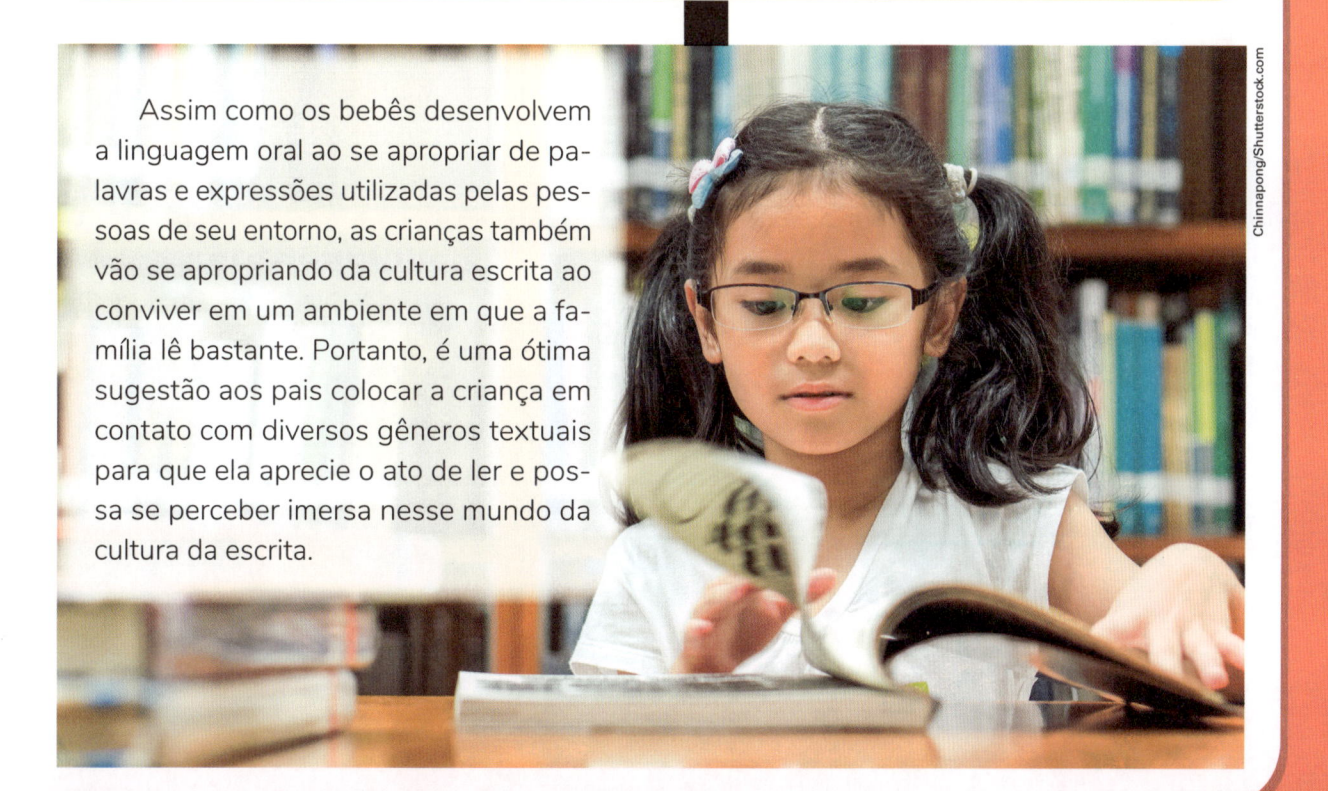

Assim como os bebês desenvolvem a linguagem oral ao se apropriar de palavras e expressões utilizadas pelas pessoas de seu entorno, as crianças também vão se apropriando da cultura escrita ao conviver em um ambiente em que a família lê bastante. Portanto, é uma ótima sugestão aos pais colocar a criança em contato com diversos gêneros textuais para que ela aprecie o ato de ler e possa se perceber imersa nesse mundo da cultura da escrita.

Níveis da escrita – Pré-silábico, silábico, silábico-alfabético e alfabético

Na fase de alfabetização, a criança passa por quatro níveis de escrita. Confira agora quais são esses níveis e como a criança se desenvolve neles.

Emília Ferreiro, uma psicóloga e pesquisadora, estudou por vários anos a teoria de Piaget. Ela buscava entender como um determinado sujeito aprende. O principal foco de suas pesquisas era descobrir se para aprender a escrever, o indivíduo utiliza dos mesmos recursos ativos e criativos estudados por Jean Piaget.

Por isso, nos anos 80, houve uma grande revolução sobre qual o conceito utilizado na hora de aprender a escrever. Em sua primeira obra, a autora relatou que antes mesmo de entrar para alguma escola, a criança já inicia o aprendizado da escrita.

Ferreiro ainda afirma que, a princípio, a escrita é apenas uma representação e que depois passa a ser codificada para a língua materna. Chegou-se então à conclusão de que, na evolução da escrita, a criança passa por algumas fases. Confira agora os níveis da escrita.

1. Nível pré-silábico

No nível pré-silábico, a criança percebe que a escrita representa o que é falado. Geralmente suas reproduções são feitas através de rabiscos e desenhos [...].

2. Nível silábico

No nível silábico, a criança passa a entender que existe uma correspondência entre as letras e o que é falado. Para ela, existe um traço representando o que é falado, mesmo que não seja o correto em relação à Língua Portuguesa. Cada sílaba possui uma letra.

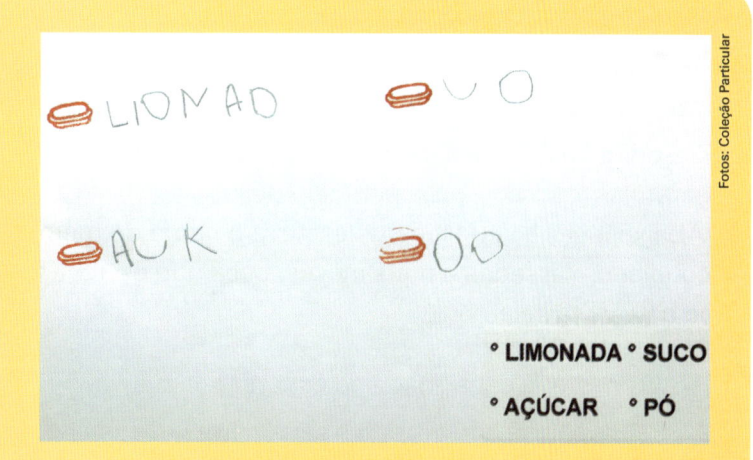

° LIMONADA ° SUCO
° AÇÚCAR   ° PÓ

3. Nível silábico-alfabético

No nível silábico-alfabético, a criança passa a entender que as sílabas possuem mais de uma letra. Porém, para entender os fonemas, é importante que a criança também pratique sílabas só com uma letra intercalada com sílabas maiores.

° PESCARIA ° MILHO
° ARGOLA   ° SOM

4. Nível alfabético

Nessa última fase, nomeada como nível alfabético, a criança já consegue reproduzir adequadamente todos os fonemas de uma palavra. Ela passa então a perceber o valor das letras e sílabas.

ARAÚJO, Izaura. Níveis da escrita [...]. *Escola Educação*, [s. l.], [20--]. Disponível em: https://escolaeducacao.com.br/niveis-da-escrita/. Acesso em: 26 abr. 2020.

PROPOSTAS DE ATIVIDADES

Primeiros registros de escrita

Os primeiros escritos da criança sempre são motivos de alegria para a família, seja por meio de garatujas (rabiscos), seja por meio de letras.

Abaixo, peça a seu filho que escreva o nome de membros de sua família ou outras palavras do cotidiano. Passados alguns meses, peça que escreva as mesmas palavras e compare a evolução na escrita dele.

Data: _____ / _____ / _____

_____

_____

_____

Data: _____ / _____ / _____

_____

_____

_____

Vjom/Shutterstock.com

7 EDUCAÇÃO FINANCEIRA E SUSTENTABILIDADE

No ano de 2018, a Base Nacional Comum Curricular (BNCC), reconhecendo a importância do tema, estabeleceu como matéria obrigatória a educação financeira e a educação de consumo. Assim, fica a pergunta: Como podemos fazer para dar uma boa educação financeira para nossos filhos?

Quando as crianças ainda são muito pequenas, temos receio de ensiná-las a lidar com dinheiro. Contudo, os pais precisam entender que eles não serão eternos provedores, e, assim, quanto mais cedo assumirem o papel de mostrar o caminho para que os filhos saibam usufruir de seu dinheiro de forma consciente, melhor.

Diante de um cenário de consumismo desenfreado e irracional, de uma população endividada e de grande parte das pessoas frustrada por não conseguir realizar seus sonhos financeiros, ensinar os pequenos a lidar com dinheiro se torna indispensável – além de ser um desafio.

Para ler

Finanças é coisa de criança!, de Ana Pregardier (Intus Forma, 2018).
Esse é um livro prático, pensado para ser usado por pais ou educadores que queiram ensinar educação financeira a seus filhos. As atividades estão descritas de forma a serem desenvolvidas com crianças de 4 a 6 anos de idade. Ele está disponível para *download* em: www.sicredi.com.br/sites/educacaofinanceira/uploads/1556119274-09-e-book-financas-e-coisa-de-crianca.pdf (acesso em: 26 abr. 2020).

Dicas para trabalhar a educação financeira com crianças

Mesada

A mesada ainda é a forma mais famosa e tradicional para inserir os filhos no mundo das finanças.

Ela é uma boa alternativa para ensinar as crianças a administrarem o próprio dinheiro e ajuda principalmente na hora em que forem receber o seu primeiro salário, evitando que gastem tudo por impulso.

Anotar os gastos

Você provavelmente sabe que, quando adulto, uma das principais dicas para se organizar financeiramente é fazer uma planilha e anotar todos os gastos.

Isso também é indicado para crianças!

Encoraje o seu filho a sempre anotar o que gastou de sua mesada para visualizar no fim do mês quanto ele conseguiu economizar. Esse será um aprendizado importantíssimo para o seu futuro e estimulará a criação de uma poupança [...].

Objetivos

Ensine a criança a ter objetivos e estimule-a a realizar os sonhos dela.

Se sua filha deseja ganhar uma boneca, por exemplo, tente incentivá-la a juntar todo o valor ou uma parte dele e compre o brinquedo apenas quando o dinheiro combinado for suficiente.

A criança sentirá na pele o benefício de se organizar, economizar e terá uma recompensa ao realizar um sonho, com o devido planejamento e esforço.

Delegue tarefas

Dê um dinheiro para a criança e peça que ela vá, por exemplo, comprar um lanche e volte com o troco.

Essa simples tarefa ajuda a criança a trabalhar a responsabilidade, se sentir importante e entrar em contato com o mundo das finanças.

Ensine brincando

Ensinar finanças para crianças por meio de brincadeiras é infalível. E você pode fazer isso até mesmo com jogos de tabuleiro.

Ao brincar com as crianças seguindo as regras do jogo, elas aprenderão que há regras a serem respeitadas.

E nada de deixá-los ganhar! Eles precisam aprender que – não só no jogo, mas na vida – às vezes ganharão e às vezes perderão [...].

Deixe errar

E se eles quiserem gastar a mesada com algo que você não concorda?

Tente não se meter no assunto!

Pode ser difícil ver a criança usar o dinheiro de uma forma que você considera que não é a melhor, mas é importante deixá-la fazer suas escolhas por si só.

Mesmo que façam escolhas ruins, isso ajudará a se policiarem melhor das próximas vezes e diminuirá a probabilidade de que cometam os mesmos erros na vida adulta.

LEITÃO, Victor. Entenda como ensinar educação financeira para crianças. In: LEITÃO, Victor. Blog Mobills. [S. l.], 14 mar. 2018. Disponível em: https://blog.mobills.com.br/educacao-financeira-para-criancas/. Acesso em: 26 abr. 2020.

Educação financeira e sustentabilidade caminham juntas

[...] Alguns assuntos, quando não aprendemos desde pequenos, fazem falta durante a vida; educação financeira e sustentabilidade são dois deles. Aspectos como poupar antes de gastar, reaproveitar produtos e conservar o meio ambiente devem ser introduzidos na rotina das crianças, para que, no futuro, tenhamos gerações mais conscientes e sustentáveis.

Os conceitos de ambos os temas estão diretamente relacionados com os 5Rs, a partir dos quais se aprende como simples ações diárias podem reduzir os impactos sobre o planeta. São eles:

- Repensar os hábitos de consumo e descarte.
- Recusar produtos que prejudicam o meio ambiente e a saúde.
- Reduzir o consumo desnecessário.
- Reutilizar ao máximo antes de descartar.
- Reciclar materiais.

[...] Se as pessoas entenderem que se deve repensar o comportamento com relação ao uso do dinheiro, recusar comprar apenas por apelos publicitários, reduzir os impulsos consumistas e começar a reutilizar e reciclar produtos, também haverá reflexo direto nas finanças, havendo uma diminuição dos gastos supérfluos. [...]

Para quem tem filhos, é de extrema importância procurar transmitir esses hábitos a eles, para que cresçam com a noção de responsabilidade social, constituindo uma sociedade mais sustentável – também financeiramente.

DOMINGOS, Reinaldo. Educação financeira e sustentabilidade caminham juntas. *Infomoney*, [s. l.], 5 dez. 2013. Disponível em: www.infomoney.com.br/colunistas/financas-em-casa/educacao-financeira-e-sustentabilidade-caminham-juntas/. Acesso em: 26 abr. 2020.

Para ler

Como se fosse dinheiro, de Ruth Rocha (Salamandra, 2010).
Esse livro pode ser uma lição de responsabilidade sobre o real valor da moeda para a criança. A história se baseia em um dono de lanchonete de uma escola que usa balas e chicletes para dar de troco aos alunos, dizendo que as guloseimas são "como se fosse dinheiro". A narrativa se desenrola quando as crianças passam a acreditar na frase e a levar diversos itens diferentes para pagar os lanches na escola, o que causa desconforto ao proprietário do negócio.

A menina, o cofrinho e a vovó, de Cora Coralina (Global, 2009).
Uma menina e sua avó. Mesmo distantes, que tesouros elas trocam? A história conta como uma avó trabalhadeira recebeu um presente simples e generoso da neta – um presente que ajudou a avó a realizar seu sonho. E, como entre avós e netos a moeda de troca é variada, como será que a avó agradeceu?

PROPOSTAS DE ATIVIDADES

Que tal convidar seu filho para, juntos, pouparem dinheiro em um cofrinho e depois comprarem uma coisa que desejam muito?

Pensem juntos e respondam:

▼ O que queremos comprar?

▼ Quanto tempo temos para juntar dinheiro?

▼ Como conseguiremos dinheiro?

Desenhem abaixo a conquista de vocês.

REFLEXÃO FINAL: PARA EDUCAR UM FILHO

Era uma sessão de terapia. "Não tenho tempo para educar a minha filha", ela disse. Um psicanalista ortodoxo tomaria essa deixa como um caminho para a exploração do inconsciente da cliente. Ali estava um fio solto no tecido da ansiedade materna. Era só puxar um fio... Culpa. Ansiedade e culpa nos levariam para os sinistros subterrâneos da alma. Mas eu nunca fui ortodoxo. Sempre caminhei ao contrário na religião, na psicanálise, na universidade, na política, o que me tem valido não poucas complicações. O fato é que eu tenho um lado bruto, igual àquele do Analista de Bagé. Não puxei o fio solto dela. Ofereci-lhe meu próprio fio. "Eu nunca eduquei meus filhos...", eu disse. Ela fez uma pausa perplexa. Deve ter pensado: "Mas que psicanalista é esse que não educa os seus filhos?". "Nunca educou seus filhos?", perguntou. Respondi: "Não, nunca. Eu só vivi com eles". Essa memória antiga saiu da sombra quando uma jornalista, que preparava um artigo dirigido aos pais, me perguntou: "Que conselho o senhor daria aos pais?". Respondi: "Nenhum. Não dou conselhos. Apenas diria: a infância é muito curta. Muito mais cedo do que se imagina os filhos crescerão e baterão as asas. Já não nos darão ouvidos. Já não serão nossos. No curto tempo da infância há apenas uma coisa a ser feita: viver com eles, viver gostoso com eles. Sem currículo. A vida é o currículo. Vivendo juntos, pais e filhos aprendem. A coisa mais importante a ser aprendida nada tem a ver com informações. Conheço pessoas bem informadas que são idiotas perfeitos. O que se ensina é o espaço manso e curioso que é criado pela relação lúdica entre pais e filhos". Ensina-se um mundo! Vi, numa manhã de sábado, num parquinho, uma cena triste: um pai levara o filho para brincar. Com a mão esquerda empurrava o balanço. Com a mão direita segurava o jornal que estava lendo... Em poucos anos, sua mão esquerda estará vazia. Em compensação, ele terá duas mãos para segurar o jornal".

ALVES, Rubem. *Ostra feliz não faz pérola*. 2. ed. São Paulo: Planeta, 2014. p. 113-114.

MENSAGEM FINAL DOS PAIS